KB275190

내신 5등급제
고교학점제
통합수능의
사용설명서

복잡한 대학입시 완전 분석
**그리고 답을 찾다**

# 내신 5등급제
# 고교학점제
# 통합수능의
## 사용설명서

김혜남 지음

지상사 Jisangsa

# 프롤로그

최근 고교학점제를 근간으로 한 '2028학년도 대입 개편'과 관련해 강의와 설명회를 진행하게 되었습니다. 그 과정에서 예상보다 훨씬 많은 쟁점과 혼란을 마주하게 되었습니다.

설명회 현장에서 만난 학부모와 학생들은 공통적으로 불안해하고 있었습니다.

제도는 바뀌었지만 이를 정리해 주는 신뢰할 만한 정보가 부족하고, 무엇을 어떻게 준비해야 하는지에 대한 기준을 찾지 못하고 있었습니다. 이러한 상황을 지켜보며, 지금이야말로 현장의 시선에서 구조를 설명하고 학습과 입시전략을 제시하는 도서가 시급히 필요하다는 판단에 이르렀습니다.

2026년 고등학교 2학년이 되는 학생들부터 내신 체제가 9등급제에서 5등급제로 전환되며, 등급 간 변별력이 크게 약화되고 있습니다. 그 결과 내신 1등급의 가치는 낮아지고, 대학은 수능최저를 상향하거나 비교과와 학업 과정의 평가 비중을 높이는 방향으로 움직이고 있습니다.

여기에 더해 2028 수능은 선택과목 없이 공통과목으로 치러지며, 수능 범위가 1학년 공통과정에 한정됨에 따라 수능까지 약 2년의 학습 공백이 발생하는 구조적 문제도 안고 있습니다.

또한 2026년 고등학교 2학년이 되는 학생들부터 고교학점제가 본격 시행되지만, 현실에서는 자유로운 선택보다는 선택의 제약이 더 크게 작용하고 있습니다.

수능이라는 강력한 선발 장치가 여전히 존재하는 상황에서, 교육과정의 이상과 입시 현실 사이의 불일치는 학부모들의 불안을 극대화시키고 있으며, 이에 대한 현실적인 대응전략이 초미의 관심사가 되고 있습니다.

이처럼 2028 대입 개편은 복잡한 논쟁과 다양한 해석을 낳고 있지만, 시중에 있는 출간된 관련 도서가 몇 권 있는데 대부분 정책 설명이나 제도 취지를 소개하는 이론 중심이나 담론, 홍보 성격의 책에 머물러 있습니다.


처음으로 고교학점제가 실제로 운영되는 데도, 현장 경험을 바탕으로 문제점과 학업과 입시전략을 짚어주는 도서는 전무한 상황입니다.

이에 입시 현장을 면밀히 분석하여, 제도 개편이 실제로 어떤 파급효과를 낳고 있는지, 그리고 학부모와 학생이 대입을 위해 어떤 선택과 준비를 해야 하는지를 구체적인 사례와 전략 중심으로 제시해야될 필요성을 심각하게 느꼈습니다.

논쟁이 될 수 있는 지점도 피하지 않고 다루되, 그에 대한 현실적인 대안을 함께 제시하는 것이 바로 이 책의 가장 큰 강점입니다.

2026년에 중학교 2학년, 3학년 그리고 고등학교 1학년과 2학년이 되는 학부모와 학생이 크게 관심을 가져야 부분을 다루고 있어 충분한 대비가 될 것입니다.

# 추천의 글 **1**

2028 대입이 적용되는 학생들이 2학년으로 진학하며, 고교학점제, 내신 5등급제, 통합수능이 처음으로 동시에 작동한 1년의 현장 경험이 축적되고 있습니다. 현장은 매우 혼란에 빠져있지만 이러한 문제점과 학업 그리고 입시전략을 짚어주는 도서는 전무한 상황입니다. 이에 입시 현장을 면밀히 분석하여, 제도 개편이 실제로 파급효과를 짚고, 학부모와 학생이 어떤 선택과 준비를 해야 하는지를 구체적으로 제시하는 실질적인 입시전략서가 될 것임을 확신합니다.

**신 동 원**

현 라파엘 프리메드아카데미 운영위원장
전 휘문고 교장
전 서울진학지도연구회 회장

# 추천의 글 2

내신 5등급제, 통합수능, 고교학점제 등의 본격 실행으로 이상과 입시 현실 사이에서 간극이 커지며 학부모들의 불안이 극대화되고 있습니다. 이 책은 이러한 간극과 불안에 대한 현실적인 대응전략을 제시함으로써 학부모들의 불안을 해결하는 도서가 될 것입니다.

**조효완**

현 서울시교육연구회 미래교육위원장
전 서울과학기술대 입학사정관 실장
전 광운대 입학전형전담 교수 및
　　한국대학사정관협의회 회장

# 목차

# 중학교에서 갈리는 고교 경쟁력

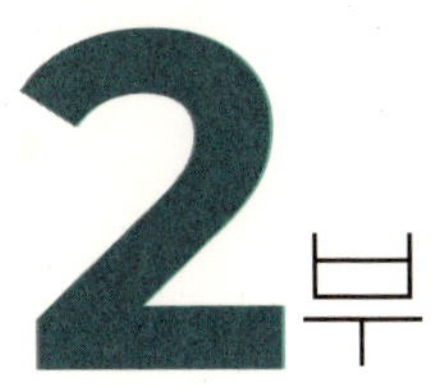
2부
5등급제 내신은
약해졌고,
평가는 복잡해졌다

# 3부 2028 수능, 오해는 많고 방향은 분명

# 4부 고교학점제의 착각과 진짜 경쟁

5부
대학은
무엇을 보고
학생을 판단

6부
모든 것을
동시에
요구하는 입시

# 중학교에서 갈리는 고교 경쟁력

# 1부

# 모든 입시전형의 근본은 국·영·수



입시는 전형 방식만 다를 뿐, 결국 한 가지 능력을 검증하는 데 집중한다. 바로 학생이 대학에서 학업을 감당할 수 있는지를 파악하는데, 그것은 바로 학업 수행 능력이다. 그리고 이 능력은 화려한 비교과나 복잡한 전형요소보다 먼저 국어 · 영어 · 수학이라는 공통 언어로 드러난다.

대학은 학생부든, 내신이든, 수능이든, 논술이든, 면접이든 결국 사고력, 독해력, 문해력, 논리력을 평가한다.

이 네 가지 핵심 역량을 가장 정확하게 드러내는 도구가 바로 국 · 영 · 수다.

# 국어는 문해력의 기초



학생부 독서활동을 평가할 때도, 면접에서 학생의 답변을 들을 때도 대학이 확인하는 것은 단 하나다.

'이 학생이 글을 읽고, 의미를 파악하고, 자신의 언어로 구조화해 표현할 수 있는가?'

문해력은 단순한 독해를 넘어, 지문 내용을 응용하고 적용할 수 있는 능력을 말한다. 이 문해력이 부족한 학생은 어떤 전형에서도 한계가 드러난다. 논술은 물론이고, 면접에서도 자신의 생각을 논리적으로 말하지 못하면 설득력을 잃게 된다. 즉, 국어의 힘은 단순히 점수 문제가 아니라 모든 평가의 해석력과 표현력을 떠받치는 근간이다.

서울대 면접에서도 문해력의 중요성은 극명하게 드러난다. 전교권 학생들이라도 제시문을 읽고 비교하라는 문제에서 내용을 이해하지 못해 답변조차 구성하지 못하는 경우가 있다.

각 제시문을 요약하고, 이를 비교하며, 다른 제시문의 관점에서 재해석하라는 유형의 문제는 어떤 학생에게는 시도조차 어려운 수준일 수도 있다. 제시문의 구조를 파악하지 못한 채 시험을 치르고 돌아와 '제시문이 무슨 내용인지 이해하지 못하겠어요'라고 토로하는 경우도 흔하다.

즉, 문제 해결 이전에 제시문 자체를 읽고 이해하는 단계에서 이미 한계에 부딪히는 것이다.


## 수학은 논리력의 기초
**⬤ 사고 흐름을 정확하게 세우는 힘**

대학이 수학 성적을 중시하는 이유는 '이과라서'만이 아니다. 수학은 사고 과정의 정확성, 단계적 추론을 가장 객관적으로 평가할 수 있는 과목이다.

수학적 사고력은 수리논술에서 답안을 구조화할 때, 자연계 면접에서 풀이를 논리적으로 전개할 때 요구되는 능력이다. 또한 학생부 세부능력 특기사항에서는 입학사정관이 학생의 학업 역량을 해석하고 판단하는 기준으로 작동한다.

결국 수학의 진짜 의미는 단순한 계산 능력이 아니라 사고 흐름을 정확하게 세우는 힘이다.

영어와 국어 실력이 어느 정도 되더라도, 수학이 뒷받침되지 않으면 내신에서도, 수능에서도 안정적인 성적을 기대하기 어렵다는 점은 이미 수많은 사례가 증명한다. 탄탄한 수학은 그 자체로 학업 수행력의 핵심 지지대다.

# 미국 대학생도 이해 못하는 영어



대학은 국제 논문, 해외 원문, 자료 해석 등 다양한 영어 기반 학습을 요구한다. 따라서 영어 성적은 단순 언어 능력이 아니라 정보를 받아들이고 처리하는 힘을 보여준다.

특히 수능 영어의 고난도 지문은 영어지문을 한국어로 해석해 놓아도 내용 이해가 어려울 정도로 난해하게 출제되는 경우가 많다. 미국 대학생조차 이해하기 어렵다는 지문이 나오는 해도 있다. 즉, 영어는 단순 언어 과목을 넘어 정보 이해력과 해석 능력을 검증하는 장치다.

2026학년도 수능에서도 영어 난도가 높아지며 1등급 비율이 불과 3.1%에 그쳤다. 이처럼 영어가 어렵게 출제되면 단순히 점수가 낮아지는 문제를 넘어, 수능최저 충족에도 직접적인 부담이 되고 정시에서는 표준점수 기반 지원 전략에도 심각한 제약이 발생한다. 2026학년도 수능에서도 어려운 수능 때문에 수능최저 충족률이 8.6%나 하락하기도 했다.

특히 난도가 높을 때는 제시문의 내용 자체가 난해한 경우가 많다. 원문을 한국어로 번역해도 의미가 명확하게 잡히지 않는 경우가 있을 정도로 지문이 요구하는 사고 과정이 복잡하고 추상적이다.

결국 영어 영역 역시 단순한 어휘력이나 문법 지식만으로는 해결되지 않으며, 근본적으로 문해력과 추론 능력이 뒷받침될 때 비로소 고난도 지문을 이해할 수 있다. 즉, 영어 난도 상승의 본질은 언어 문제가 아니라 문해력 기반 사고력의 격차가 성적을 가르는 구조라는 말이다.


## 논술과 면접

**⟡ 사고력을 갖춘 학생들이 당당**

자연계열에서는 수학이 우수한 학생이 논술로 선발되는 경우가 많다. 수학적 사고력이 뛰어난 학생은 대학 학업을 충실히 따라갈 가능성이 높기 때문이다. 상위권 대학의 면접 역시 결국 국어·영어·수학 기반의 사고력을 갖춘 학생들이 당당하게 대응할 수 있다.

결국, 국·영·수는 모든 전형의 공통 기반이 된다.

한 영역이 제대로 관리되지 않으면 입시는 흔들린다. 낮은 점수 하나가 전체 전략을 바꾸고, 대학 레벨을 낮춰야 하는 상황을 만들기도 한다.

반대로 국·영·수의 기반이 탄탄한 학생은 수시의 학생부종합전형뿐 아니라 논술이나 면접, 최종 정시에서 어느 길로 가도 흔들리지 않는다.

그래서 입시는 국·영·수 체력을 갖춘 학생에게 흔히 '입시 저력이 있다'고 말한다.

국·영·수 기반이 견고한 학생은 어떤 방식의 평가에서도 자신의 실력을 증명해낼 수 있다. 단지 이 영역중 한가지 영역의 관리에 실패하면 특정 전형에 맞추어 억지로 길을 만드는 고행을 감내해야 한다.

수업시간 발표와 토론에서 요구되는 논리력과 의사소통 능력은 단순한 학습 기술을 넘어, 사회가 필수적으로 요구하는 역량이다. 학교 활동 속에서도 이러한 능력이 충분히 발휘될 때 학생은 다양한 과제를 보다 효율적으로 수행할 수 있고, 학습 과정에서의 이해도와 성취 또한 높아진다.

특히 분반 수업과 협동 활동이 증가하는 고교학점제 환경에서는 여러 친구와 협력하고 소통하는 경험이 더욱 중요해진다. 이 과정에서 학생은 타인의 의견을 조율하고 자신의 생각을 구조화해 전달하며, 집단 속에서 문제를 해결하는 능력을 자연스럽게 기르게 된다.

이는 단지 학업역량 향상을 위한 기술이 아니라, 앞으로 사회에서 요구될 실제적이고 핵심적인 역량으로 이어진다. 따라서 논리적 사고와 의사소통 능력은 고교학점제 시대의 학습 효과를 높이는 출발점이자 미래 사회를 준비하는 기반이라고 할 수 있다.

국어 · 영어 · 수학은 단순한 세 과목이 아니다. 모든 입시를 관통하는 사고력의 뿌리다. 이 뿌리가 튼튼한 학생은 전형이 바뀌든 입시 제도가 변하든 결국 상위권으로 올라간다. 입시는 늘 변하지만, 국 · 영 · 수가 입시의 근본이라는 사실은 단 한 번도 변한 적이 없다.

# 더욱 중요해진 선행학습



2028학년도 수능은 이전처럼 과목을 선택해 치르는 방식이 아니라, 대부분의 영역이 공통형으로 전환된다.

예를 들어 2027학년도 수능까지는 국어는 화법과 작문, 언어와 매체 중 하나를 선택하고, 수학은 이과 학생이 미적분을, 문과 학생이 확률과 통계를 택하는 구조였다. 그러나 2028학년도 수능부터는 이러한 선택이 사라지고, 모든 수험생이 동일한 과목을 치르게 된다.

구체적으로는 국어, 수학, 탐구 영역의 선택과목이 폐지되고 공통과목으로 통합된다. 이는 선택과목에 따른 유불리를 줄이며, 공통 교육과정 중심의 통합교육을 강화하려는 취지에서 비롯된 변화다.

과거에는 선택한 과목에 따라 시험 범위와 방식이 달랐지만, 이제는 모든 학생이 동일한 과목을 치르는 방식으로 바뀌었다.

문제는 단순 암기식 문항이 줄고, 개념 이해와 통합적 사고, 자료 분석 능력을 요구하는 문제가 늘어나 학생들의 부담이 커진 것이다.

## 상위권으로 올라가기 위해

**○ 흔들리지 않는 실력의 토대**

예전에는 선택과목을 통해 자신이 강한 영역을 집중적으로 공략할 수 있었지만, 이제는 모든 과목을 일정 수준 이상 준비해야 한다. 게다가 공통과목의 범위가 확장되고 출제 방식도 바뀌면서, 기본 개념 이해나 학교 수업에서 교과서만으로는 대비가 충분하지 않을 수 있다는 불안감도 커지고 있다. 자연스럽게 선행학습, 보충학습을 챙기지 않을 수 없는 구조가 된 것이다.

결국 전 과목을 더 일찍, 더 넓게 공부하는 것은 기본이고, 상위권으로 올라가기 위해서는 깊이 있는 학습까지 요구되는 상황이 되었다.

과학고나 영재고에 합격하는 학생들의 학습 이력을 살펴보면 공통점이 분명하다. 대부분 중학교 과정에서 이미 고등학교 3학년 수준까지의 수학 학습을 완료한 학생들이다. 이는 단순한 선행의 문제가 아니라, 해당 학교들이 요구하는 사고력과 문제

해결력을 감당하기 위해 그 정도의 학습량과 숙련도가 사실상 합격의 전제 조건이기 때문이다.

이 수준의 준비가 갖춰지지 않으면 합격을 기대하기 어렵다고 보는 것이 현실적이다.

과학고 · 영재고 입시에서는 부분적인 선행이나 요령만으로는 합격에 한계가 있다. 체계적이고 완성도 높은 선행학습이 합격 가능성을 실질적으로 높여준다.

일정 수준 이상의 선행이 단순한 선택이 아니라, 경쟁의 출발선 역할을 하고 있는 것이다.

설령 최종적으로 과학고나 영재고에 합격하지 못하더라도, 그 과정에서 축적한 학습량은 결코 사라지지 않는다. 고등학교 3학년 과정까지 이어지는 수학 학습을 중학교 시기에 경험한 학생들은 일반고에 진학하더라도 학업을 이수하는 속도와 이해의 깊이에서 뚜렷한 우위를 보인다. 이는 곧 전교 등수 확보로 이어질 가능성이 높다.

일반고에서 전교 1~3등 수준의 성적을 안정적으로 유지한다면, '지역균형전형'을 통해 서울대나 연세대 · 고려대에 별 어려움 없이 진학할 수 있고, 학업역량을 기반으로 한 일반전형에서도 충분한 경쟁력을 갖추게 된다. 결국 과학고 · 영재고 준비 과정에서 쌓은 선행학습과 학습 밀도는, 어느 진로로 가더라도 흔들리지 않는 실력의 토대가 된다.

이러한 점에서 과학고나 영재고 준비는 합격 여부를 넘어, 학생의 장기적인 학업 경쟁력을 형성하는 과정으로 이해할 필요가 있다.

선행학습은 단기적인 결과를 위한 도구가 아니라, 이후 모든 입시 선택의 폭을 넓혀주는 기반이 되기 때문이다.

학부모들은 '선행학습이 더욱 중요해졌다'는 말을 들으면 사교육이 필수적이라고 받아들이기 쉽다. 그러나 수시전형을 대비하기 위해서는 학교 수업의 충실도, 학교 평가, 학생의 학습태도 역시 핵심 요소다.

결국 잘 준비된 공교육 환경에 대한 신뢰가 동시에 필요하다는 점을 강조하지 않을 수 없다.

학력 수준이 높은 고등학교일수록 영어 시험은 점점 더 까다롭게 출제되는 경향을 보인다.

시험 범위가 방대할 뿐 아니라, 수능이나 토플 수준에 준하는 과학·경제·철학 등 고난도 주제의 지문이 빈번하게 등장한다. 한 개의 지문이 아니라 긴 지문 여러 개가 동시에 출제되면서, 단순한 해석 능력만으로는 대응하기 어려운 구조가 되고 있다.

문제 유형 역시 점차 복합적으로 변화하고 있다. 문맥 속에서 의미를 추론해야 하는 단어 추론형 문제, 제시된 어휘를 활용해 문장을 완성하는 단어 제시형 영작 문제, 그리고 조건에 맞춰 핵심 내용을 정리하는 요약·서술형 문항 등이 함께 출제된다. 이러한 문항들은 단순 암기나 문제 풀이 요령보다는 독해력, 사고력, 표현력 전반을 동시에 요구하며, 결과적으로 영어 내신에서 등급을 가르는 결정적 요소로 작동하고 있다.

그렇다면 2028학년도 입시를 대비하기 위해 무엇을 준비해야 할까. 결국 해답은 선행학습의 질을 높이는 데 있다. 단순히 앞서 나가는 공부가 아니라, 기초 개념과 기본 실력을 미리 충분히 쌓아 두는 선행이 필요하다. 공통과목의 범위가 넓어진 만큼, 특정 과목에만 집중하기보다 여러 과목을 균형 있게 준비해야 하며, 예습과 복습이 유기적으로 연결되는 학습 구조를 만들어야 한다.

이 과정에서 중요한 것은 속도가 아니라 깊이다. 단순 암기나 문제 풀이 요령에 의존하는 선행은 오래가지 못한다. 개념을 정확히 이해한 상태에서 문제 해결력과 응용력을 함께 기르는 선행이야말로, 고등학교 수업과 내신, 나아가 수능까지 자연스럽게 이어지는 힘이 된다.

이렇게 다져진 선행은 고등학교에 올라가서, 다음 학년을 대비하여 학습 부담을 줄이고, 수행평가와 서술형 평가에 대응할 수 있는 여유를 만들어 준다.

# 선행을 통해 학교 수업을 이해



다시 강조하지만, 평가 요소가 복합화되면서 학교 수업을 얼마나 안정적으로 소화할 수 있는가가 더 중요해졌다. 이를 위해서는 선행을 통해 학교 수업을 이해하고 주도할 수 있는 기반을 먼저 갖추는 것이 필요하다.

결국 2028학년도 입시는 탄탄한 선행을 바탕으로 학교 수업을 완성도 있게 따라가는 공부를 요구한다. 기초를 충분히 선행으로 준비한 학생만이 내신, 생활기록부, 수능이라는 세 축을 동시에 관리할 수 있다. 선행학습의 중요성이 그 어느 때보다 강조되는 이유가 여기에 있다.

# 중학교 A등급이 고등학교 2·3등급(?)



'중학교 때는 항상 A로 95점 이상을 받았는데, 고등학교 오니 5등급제하에서 2등급·3등급이 나왔어요.'

고등학교에 진학하여 첫 중간고사를 끝내고 일반고 현장에서 가장 흔하게 들리는 말이다. 성적표를 받고 부모도 놀라고, 학생도 당황한다.

'내가 갑자기 못하는 학생이 된 걸까요?'라고 묻는다.

그러나 이는 개인 문제가 아니다. 중학교와 고등학교의 평가 방식과 난이도, 그리고 경쟁구조가 완전히 다르기 때문에 생기는 필연적 결과다. 현실을 정확히 이해하지 못하기 때문에 학생은 자신감이 붕괴되고 학부모는 왜 이렇게 성적이 떨어졌냐며 혼란에 빠진다.

이 문제를 정면으로 들여다봐야 한다. 중학교 성적 A는 학생이 90점 이상으로 기본기를 잘 갖추었다는 의미일 뿐이다. 중학교 평가는 절대평가이며 난이도 또한 고등학교와 비교할 수 없다. 고등학교는 상대평가(5등급제)다. 즉, 고등학교 성적은 '얼마나 잘했는가'가 아니라 '남들보다 얼마나 더 잘했는가'를 평가한다.

중학교 A는 90점 이상인데 잘하는 학생들이 많으면 90점 이상이 많을 수 있다. 하지만 고등학교에서 1등급(상위 10%)은 적다. 전교생이 200명이라면 20명밖에 안 된다. 따라서 중학교에서 A를 받는 학생이 평균적으로 18% 정도 되기에 이러한 학생들이 고등학교에 오면 10%를 벗어난 8%는 자연스럽게 2등급이나 3등급으로 내려앉는다. 이를 실패로 생각할 수 있지만, 사실은 구조적인 문제이다.

## 수행평가 비중의 함정

▶ 중학교와 고등학교는 완전 다른 세계

중학교에서 수행평가는 전체 평가의 40~50%를 차지한다. 수업 참여만 성실하면 높은 점수를 받을 가능성이 크다. 그러나 고등학교에서는 구조가 달라진다. 지필평가 60% (학교에 따라 60~70%) 수행평가 30~40%정도 반영되고, 수행평가의 난이도 자체가 뛰어오른다.

중학교 수행평가는 발표나, 간단한 보고서 제출로 평가내용이 비교적 단순하다. 교사의 수업참여도 반영의 비중도 크다, 하지만 고등학교의 수행평가는 보고서도 논리적이어야 하고, 팀기반 탐구 프로젝트도 일반적이다. 프로젝트 관리능력까지 포함하면 중학교 수행평가 경험만으로는 고등학교 수행평가를 감당하기 어렵다. 학생들은 멘붕에 빠지기도 한다.

'중학교 때 수행평가 잘했는데, 고등학교는 완전히 다른 시험 같아요.'

## 고등학교 지필평가는 수능형 사고력 시험

**◐ 단순 암기 공부는 통하지 않는다**

중학교 시험은 문제 풀이 중심, 교과서 기반 반복 학습으로 준비가 가능하다. 하지만 고등학교 지필평가는 수능에 대비하여 수능 수준의 수업이 진행되며, 당연히 수능에 맞춰진 사고력 중심 문제가 대거 포함된다.

고등학교에서 치러지는 수능 모의고사는 다단계 추론이나 통합적 사고가 요구된다. 영어에서도 빈칸 추론이 상위권을 가르는 문제가 된다. 공통사회와 공통과학은 각각 4과목이 융합되는 융합형 문제가 그렇기에 중학교 때 완벽히 풀던 학생도 문제를 읽는데 시간이 오래 걸리고, 개념을 적용하는 단계에서 막히는 등 긴 지문 문제에서 멘탈이 흔들린다. 결국 중학교에서 잘했더라도 고등학교 시험의 본질을 이해하지 못하면 2등급이나 3등급으로 떨어지는 것은 자연스러운 흐름이다.

## 일반고니까 괜찮겠지라는 낙관은 금물

◐ 고등학교 학업체계는 완전히 다른 경기장

많은 학생·학부모가 이렇게 생각한다.

'일반고면 성적 관리가 더 쉽지 않을까?'

'우리 아이는 중학교 때 늘 상위권이었으니까 잘할 거야.'

하지만 실제 고등학교 교실에서는 상황이 다르게 펼쳐진다. 중학교 상위권 학생들이 한 학교에 모인다. 모두 A를 쉽게 받아온 학생들이다. 하지만 상대평가에서는 누군가는 반드시 2·3

등급이 된다

5등급제의 변별을 위해 시험 난이도는 상승한다. 수행평가도 등급에 영향을 줄 정도로 경쟁 요소가 된다. 그러니 자연스럽게 중학교 상위권이 고등학교에서는 보통 2등급~3등급 라인으로 전락한다. 일반고라고 쉽지 않은 것이다. 입시 때문에 오히려 난이도가 더 높아진다는 것을 이해하지 못하면 충격에서 벗어나기 힘들어 대책을 세우는 데 시간이 걸린다.

중학교 A는 출발점일 뿐, 고등학교 학업체계는 완전히 다른 경기장이다. 중학교 성적이 좋은 학생일수록 고등학교에서 느끼는 충격은 더 크다.

고등학교는 평가방식과 난이도뿐 아니라 수행평가 구조 등 사고력을 요구하기에 학업의 결이 전혀 다르다.

학생과 부모가 이러한 사실을 명확히 인지하고 입학 전. 아니 고교 초반부터 고등학교 학습체계에 맞는 준비를 해야만 내신 경쟁에서 살아남을 수 있다. 중학교 A는 가능성이지 우수한 성적을 보장하는 것이 아니다.

# 2028 입시,
# 특목·자사고 2등급=일반고 1등급(?)



특목고나 자사고 학생과 학부모가 가장 자주 하는 질문이 있다.

'학생부 종합전형에서 우리는 등급이 불리한가요, 아니면 유리한가요?'

한편 일반고 학생이나 학부모가 이렇게 묻는다.

'특목고 2등급이면 일반고 1등급과 같지 않나요?'

## 입시에서 누가 유리한가?

### ▶ 정답은 명확하다

2028 고교학점제 체제에서도 이 질문은 여전히 유효하다. 그리고 결론부터 말하면, '맞다'이다. 특목·자사고 2등급은 일반고

1등급과 동등하거나 더 높게 평가될 수 있다.

대학은 이 현실을 결코 부정하지 않는다. 그 이유도 매우 구체적이고, 실질적이며, 입시 평가의 논리로 설명될 수 있다. 그리고 특목·자사고는 2등급이라는 숫자만으로 판단하지 않는다는 것이다.



대학이 이를 모르지 않는다. 20년 가까운 학생부 종합전형 운영 속에서 입학사정관들은 이미 다음 현실을 철저히 이해하고 있다.

✔특목고 2등급=일반고 최상위권 수준일 수 있다.

✔특목·자사고는 표준 편차가 작아 등급 간 격차가 작다.

✔상위권 학생이 몰린 환경에서 등급보다 학업태도나 프로젝트, 그리고 탐구력의 질이 더 심도 있게 드러난다.

그래서 대학은 특목·자사고를 평가할 때 등급만 보고 평가하지 않는다.

2028학년도 입시에서 경희대가 보여준 '서류형' 개편은 대학의 의도를 분명히 드러낸다.

2028학년도 경희대는 '서류형 전형'을 신설하며 성취도 중심 평가를 선언했다. 여기서 주목할 점은 2028학년도의 성취도(A~E) 구조다.

성취도 A=90점 이상이다.

특목·자사고의 학생 중 상당수가 2등급을 받더라도 성취도 A(90점 이상)을 받는 학생들이 훨씬 많다. 심화 과목에서 2등급을 받더라도 성취도는 A가 일반적이다.

이 말은 곧, 학생부 종합전형에서 2등급이지만 성취도 A인 학생은 결코 불리하지 않다고 볼 수 있다. 오히려 서류평가에서 학업역량과 진로역량이 높게 평가된다. 경희대는 이를 누구보다 잘 알고 있다. 그래서 학생부 성취도를 전면에 내세운 서류형 평가를 도입한 것이다.

즉, 등급이 아니라 해당 환경에서 학생이 얼마나 높은 성취를 보여줬는가를 보겠다는 의미다. 이미 과거 입시에서도 '등급=합격' 공식은 존재하지 않는다. 사실 이러한 구조는 2028대입만의 이야기가 아니다. 과거 학종에서도 대학들에게는 공통적인 흐름이 있었다.

　경희대 학종과 서울시립대 학종에서 이 대학들은 9등급을 기준으로 평균 3등급대, 때로는 3.5등급의 합격자를 꾸준히 배출해왔다. 왜냐하면, 깊이 있는 비교과가 등급을 압도했기 때문이다.

　3등급이지만 세특 내용이 뚜렷하고 탐구보고서의 질이 높게 평가되었다. 또한 독서가 일관되고 학업역량이 뛰어난 학생들은 등급은 3등급이지만 일반고의 2등급보다 역량이 더 높게 평가되었다.

　특목·자사고 학생 중 상당수는 바로 이 깊이 있고 심도 있는 비교과에서 압도적인 강점을 보인다. 그래서 대학은 이미 오래전부터 파악하고 있었다. 특목·자사고의 등급만으로 학생을 평가하면 그들의 뛰어난 능력을 왜곡하는 것으로 판단했다.

　학종에서는 비교과의 질적 요소가 훨씬 더 중요하다. 실제 학업역량은 탐구의 깊이로 판별하는 것이 훨씬 정확하다. 경희대의 서류형은 이 흐름을 제도적으로 공식화한 것이다.

　그렇다면 2028 입시에서 누가 유리한가? 정답은 명확하다.

　질 높은 비교과를 보여주는 특목·자사고 2등급 학생과 일반고 1등급 학생은 모두 합격 가능성이 높다.

　하지만, 다음과 같은 경우는 특목·자사고가 불리하지 않다. 성취도 A가 다수 존재하는 경우 2등급이라도 성취도가 A라면 경희대 서류형에서는 매우 강력한 신호가 된다. 심화탐구를 기반으로한 세특이 체계적으로 기록된 경우 특목·자사고 교육과정은 고난도 프로젝트 기반이 많아 그 자체가 학종 평가에서 유리하다. 특히 공학과 의과학, 경영과 사회과학 분야에서 진로역량에서의 심화탐구활동이 비교과 전반에 걸쳐 자연스럽게 드러나기에 이를 단지 등급만을 기준으로 정량적으로 평가하지 않는다.

## 2028 입시는 등급의 싸움이 아니라 역량의 싸움

◐ 여러 요소가 복합적으로 작용하는 정성평가

2028 교육과정은 5등급제라는 단순화된 외형적 변화 때문에 등급 중심 경쟁이 완화된 것처럼 보인다. 그러나 실제는 정반대다. 등급의 해석이 더 복잡해지고, 학교 유형과 과목 수준, 성취도와 탐구의 질 등 여러 요소가 복합적으로 작용하는 정성평가 중심이 된다.

그리고 대학은 파악하고 있다. 특목·자사고의 2등급은 일반고의 1등급일 수 있다는 현실을 말이다.

그래서 성취도, 심화탐구 등의 비교과를 중심으로 학생을 정성평가하는 것이다. 즉, 2028 입시는 특목·자사고나 일반고 모두에게 공정한 구조이며, 특목·자사고 학생에게는 등급에서 불리하지 않는 분명한 기회의 창을 열어준다.

# 진로는 일찍 정하는 것이 아니라 탐색하며 만들어가는 것이다



진로에 대한 인식은 지역과 환경에 따라 놀라울 정도로 다르게 나타난다. 학력이 높고 명문 일반고가 많은 지역에서는 진로가 비교적 이른 시기에 정해지는 경우가 많다.

입시설명회에서 진로 이야기를 꺼내면 반응이 빠르고, 학부모들은 이렇게 말한다.

"진로는 이미 정했으니, 대학 입시 이야기만 해 주세요."

반면 학력이 상대적으로 낮다고 여겨지는 지역에서는 분위기가 다르다. SKY 중심의 설명은 오히려 부담으로 작용하고, 부모들은 우리 아이와는 거리가 먼 이야기라며 선을 긋는다. 그러나 진로 이야기가 나오면 분위기가 바뀐다.

'꿈이라도 제대로 잡으면 인생의 기회가 생기지 않을까'라는 기대가 작동하는 것이다.

# 진로 변경이 곧 불이익



조기 진로 결정의 장점은 분명 존재한다.

대학전공 선택에 도움을 주며 목표가 분명해 지므로 경쟁력을 높일 수 있다. 많은 학생과 학부모가 여기에 매력을 느끼는 것도 사실이다.

### 조기 진로 결정의 장점

①시간을 아끼고 더 많은 경험을 쌓을 수가 있다.

②목표가 분명해 진다.

③적절한 대학전공 선택에 도움을 줄 수 있다.

④경쟁력이 높아진다.

그러나 조기 결정이 곧 정답이라는 뜻은 아니다. 더 큰 문제는 충분한 탐색과 경험 없이, 분위기나 성적에 밀려 진로를 선택하는 경우가 적지 않다는 점이다.

그리고 2~3학년에 이르러서야 그 진로가 자신과 맞지 않다는 사실을 깨닫고 난감해한다. 이미 선택한 과목 체계와 활동이 진로와 어긋나 있기 때문이다.

입시에서 진로는 종종 성적에 의해 좌우되기도 한다. 전교 10등 안에 들었다는 이유로 의대를 권유받고, 의사가 꿈이 아니었음에도 합격과 동시에 인생 목표가 바뀌는 경우도 있다.

반대로 사범대나 교대를 희망했지만, 성적이 미치지 못해 꿈을 접는 학생도 있다.

이처럼 진로는 조기에 한 번 정해진다고 고정되는 것이 아니라, 상황이나 경험, 그리고 성적에 따라 충분히 달라질 수 있으며 실제로 많은 학생이 그런 이유로 진로를 바꾼다.

그럼에도 학생과 학부모들은 이런 걱정을 한다.

"진로를 바꾸면 불이익이 생기지 않을까요?"

"학종에서 불리해지는 건 아닌가요?"

이는 대표적인 오해라고 많은 입학사정관이 한결같이 말하고 있다.

"진로가 바뀌는 것은 자연스러운 일입니다. 중요한 것은 바뀐 진로에서 얼마나 충실하게 탐색했는가입니다."

또 어떤 입학사정관은 다른 시각을 보인다.

"여러 분야를 탐색한 경험 자체가 학생부의 강점이 됩니다."

진로 변경이 곧 불이익을 의미하지는 않는다. 오히려 탐색 경험이 많을수록 시야가 넓고, 개성이 드러나는 학생부가 만들어진다. 진로를 얼마나 일찍 정했는지를 묻기보다, 진로역량을 어떻게 쌓아왔는가를 본다.


## 관심이 생긴 영역을 깊이 있게 탐구




대학이 던지는 질문은 하나다.

'그 진로와 관련된 역량을 갖추기 위해 어떤 노력을 했는가?'


**대학이 중요하게 보는 기본적인 진로역량**

①문제해결능력: 문제를 인식하고 분석하여 해결책을 도출하는 능력

②의사소통능력: 언어, 쓰기, 그리고 인터퍼스널 스킬

③창의성과 혁신성: 창의적인 문제해결능력과 혁신적인 아이디어를 내는 능력

④기술능력: 모든 직업에서 디지털 기술과 소프트웨어의 이해와 활용능력

⑤학습능력: 새로운 기술이나 지식을 습득하여 적용하는 능력

⑥문화감수성: 다양한 문화와 인종을 이해하고 존중하는 능력

⑦문서작성 및 관리능력: 보고서, 이메일 등 다양한 상황에서 문서를 작성하는 능력

이러한 역량은 특정 진로에만 필요한 것이 아니라, 어떤 진로를 선택하든 공통적으로 요구된다. 따라서 진로를 바꾸더라도 기본 역량이 갖춰져 있다면 새로운 분야에도 충분히 적응할 수 있다. 실제로 '무(無)전공제'로 입학하여 다른 진로로 방향을 바꾸는 사례도 흔하다.

이 모든 사례는 진로가 고정된 목표가 아니라, 확장되고 발전하는 과정임을 보여준다. 그렇다면 고등학교에서 진짜 중요한 것은 무엇일까?

바로 진로를 탐색하는 활동 그 자체다. 그래서 여러 분야를 경험하고, 관심이 생긴 영역을 깊이 있게 탐구하는 과정이 높게 평가된다.

대학은 고교 수업 속에서 탐구·토론·과제연구에 얼마나 충실히 참여했는지, 전공 관련 과목을 얼마나 꾸준하고 깊이 있게 이수했는지를 본다.

진로선택과목을 많이 들었다고 해서 좋은 평가를 받는 것은 아니다. 공통과목을 충실히 이수하고, 일반선택·진로선택과목에서 깊이 있는 성취와 탐구를 보여주었는지가 핵심이다. 선택과목에서 주제탐구, 과제연구 등을 성실히 수행한 학생만이 학종 경쟁률 10:1의 관문을 넘을 수 있다.

　학생들이 명심해야 되는 것은 '진로는 일찍 정하는 것이 아니라, 탐색하며 완성하는 것'이다.

　진로 변경이 불이익이 될 것이라는 생각은 학생들이 가장 많이 하는 오해이며, 반드시 바로잡아야 한다. 대학이 원하는 학생은 진로를 일찍 정한 학생이 아니라, 탐색하고 고민하며 배우고 성장한 흔적이 분명한 학생이다.

# 외고 진학 이후를 결정짓는 한 과목, 수학



외고 진학을 고민하는 학생과 학부모가 가장 많이 하는 오해가 있다. 외고이니 당연히 영어 실력이 가장 중요할 것이라는 생각이다. 그러나 실제 입시 구조를 차분히 들여다보면, 이 판단은 점점 설득력을 잃고 있다.

이제 외고 진학과 이후 대입 경쟁력에서 영어보다 훨씬 결정적인 과목은 수학이다.

## 영어는 더이상 변별력이 되기 어렵다

### 영어 실력은 이미 상향 평준화

외고 지원자 대부분은 이미 높은 수준의 영어 독해력과 어휘력, 듣기·말하기 능력을 갖추고 있다.

이미 중학교 단계에서부터 심화 영어 학습을 경험한 학생들이 대다수이기 때문에, 입학 전부터 영어 실력은 상향 평준화되어 있다. 그 결과 외고 내신에서도 영어 상위권이 밀집되는 현상이 반복된다.

이러한 환경에서는 영어 성적이 아무리 우수하더라도, 그것만으로 학생 간의 차이를 분명하게 드러내기 어렵다. 그리고 모두가 잘하는 과목이 된 영어는 더이상 강점이 아니라 기본 요건에 가깝다.

영어에서 작은 실수 하나가 상대적으로 더 크게 체감되는 구조가 된다.

즉, 영어는 잘해야 하는 과목이지, 잘한다고 해서 합격을 보장해 주는 과목은 아니란 말이다.

또한 내신 5등급제 체제에서는 이러한 경향이 더욱 뚜렷해진다. 상위권 학생 다수가 1등급에 묶이는 상황에서, 영어 성적은 학생부의 차별화 요소로 기능하기 어렵다. 대학 입장에서도 영어만으로 학생을 가려내기보다는, 다른 교과에서 드러나는 학업역량을 볼 수밖에 없다. 이 과정에서 영어의 상대적 위상은 자연스럽게 낮아진다.

반면 수학은 다르다.

외고 학생들 사이에서도 수학 실력의 격차는 분명히 존재하며, 내신 등급을 가르는 핵심 과목으로 작동한다. 특히 5등급제로 전환된 이후에는 상위권 내에서의 미세한 성취 차이가 더욱 중요해졌고, 그 차이를 가장 명확하게 드러내는 과목이 수학이다. 외고에서 수학에서 안정적인 등급을 확보하지 못하면, 학생부 전반의 경쟁력이 흔들릴 수밖에 없다.

## 수학은 모든 계열을 관통

◆ 입시 전반에서 훨씬 넓은 선택지

문·이과 구분이 사라진 구조에서 수학의 중요성은 더욱 커지고 있다.

2028 수능은 선택과목 없이 공통 체제로 운영되며, 이 과정에서 수학은 모든 계열을 관통하는 핵심 변별 과목으로 자리 잡는다. 여기에 문·이과 구분이 사라지면서 수학의 영향력은 더욱 커졌다.

수학에 강한 학생은 계열의 제약 없이 의대 진학까지도 충분히 도전할 수 있는 구조가 되었고, 이로 인해 의대 경쟁률은 더욱 치열해질 수밖에 없다.

이러한 변화는 외고 지원 양상에도 영향을 미치고 있다.

수학 경쟁력을 갖춘 학생들이 외고를 선택지로 적극 고려하면서,

## D외고의 영어 · 수학 교육과정 편제

| 교과 | 세부교과 | 기준 학점 | 운영 학점 | 1학년 | | 2학년 | | 3학년 | | 필수 이수 학점 |
|---|---|---|---|---|---|---|---|---|---|---|
| | | | | 1학기 | 2학기 | 1학기 | 2학기 | 1학기 | 2학기 | |
| 수학 | 공통수학1 | 4 | 3 | 3 | | | | | | 8 |
| | 공통수학2 | 4 | 3 | | 3 | | | | | |
| | 대수 | 4 | 4 | | | 4 | | | | |
| | 미적분 I | 4 | 4 | | | | 4 | | | |
| | 확률과 통계 | 4 | 4 | | | | | 4 | | |
| | 경제수학 | 4 | 3 | | | | | | 3 | |
| 영어 | 공통영어1 | 4 | 3 | 3 | | | | | | 8 |
| | 공통영어2 | 4 | 3 | | 3 | | | | | |
| | 영미문학읽기 | 4 | 3 | | | | | 3 | | |

이 때문에 외고 진학을 준비하는 학생이라 하더라도 어문계열이니까 수학은 덜 중요하다는 접근은 위험하다. 오히려 수학을 얼마나 깊이 있게 준비했는가가 외고 내신 경쟁력은 물론, 이후 수시나 정시에서 선택할 수 있는 진로의 폭까지 좌우한다.

영어는 이미 상향 평준화된 상황에서, 수학은 내신을 가르는 핵심 변수가 되고 있다.

이제 2028 입시에서 외고는 더이상 영어 특화 학교로만 기능하지 않는다. 외고 진학을 진지하게 고려한다면, 영어 실력에 안주하기보다 수학을 전략 과목으로 설정하고 장기적으로 심화 학습을 준비하는 판단이 필요하다.

이것이 변화한 입시 구조 속에서 외고 학생이 경쟁력을 유지하는 가장 현실적인 선택이다.

# 5등급제 내신은 약해졌고, 평가는 복잡해졌다

**2부**

# 내신 9등급제에서 5등급제로



2028학년도 대입을 기점으로, 고등학교 내신 체제가 9등급 상대평가에서 5등급 상대평가로 전환된다. 여기에 절대평가 요소와 성취수준 표기가 함께 도입되면서 내신 구조는 사실상 새로운 체제로 재편된다. 즉 2026년 2학년부터 5등급제로 평가된 내신이 대입에 반영된다.

단순히 등급의 숫자만 줄어드는 변화로 보기엔 그 파급력이 너무 크다. 이 제도는 고등학교의 수업방식은 물론, 학생의 학

**내신 9등급제 -> 5등급제로 개편**

| 석차등급 | 1등급 | 2등급 | 3등급 | 4등급 | 5등급 | 6등급 | 7등급 | 8등급 | 9등급 |
|---|---|---|---|---|---|---|---|---|---|
| 석차누적비율 | 4% | 11% | 23% | 40% | 60% | 77% | 89% | 96% | 100% |
| 200명 기준 누적 | 8명 | 22명 | 26명 | 80명 | 120명 | 154명 | 178명 | 192명 | 200명 |

| 석차등급 | 1등급 | 2등급 | 3등급 | 4등급 | 5등급 |
|---|---|---|---|---|---|
| 석차누적비율 | 10% | 34% | 66% | 90% | 100% |
| 200명 기준 누적 | 20명 | 68명 | 132명 | 180명 | 200명 |

습 전략과 대학의 선발 기준까지 전반적인 구조 변화를 가져오고 있기 때문이다.

## ❶변별력 약화는 피할 수 없는 현실

등급 수가 9개에서 5개로 축소된다는 것은 곧 '등급 하나에 포함되는 학생 수가 크게 늘어난다'는 것을 의미한다. 전교생이 200명인 학교를 기준으로 보면, 9등급제에서는 1등급 비율이 상위 4%이므로 약 8명만이 해당된다. 그러나 5등급제가 적용되면 1등급이 상위 10%까지 확대되기 때문에 그 수는 20명으로 늘어난다.

즉, 1등급 학생 수가 이전보다 12명 증가, 비율로는 2.5배 가까이 확대되는 셈이다. 표면적으로는 더 많은 학생이 1등급을 받게 되니 좋아 보일 수 있다. 하지만 실제로는 전혀 다른 의미를 가진다.

1등급이라는 범주 안에 많은 학생이 몰리면서 상위권 내부의 경쟁은 훨씬 더 치열해지고, 대학 입장에서는 이들 간의 학업역량을 구분하기가 어려워진다. 결국 1등급의 숫자가 늘어난 만큼 개별 학생이 가진 1등급의 가치가 희석되고, 대학의 변별력 확보에는 오히려 더 큰 부담이 생기게 된다.

상위권 학생들이 한꺼번에 1등급에 밀집되면 대학은 등급만으로 학생을 구별하기 어려워진다. 이는 자연스럽게 내신 등급이 가진 선발 기능의 약화로 이어질 수밖에 없다.

대학들은 이를 보완하기 위해 이미 움직임을 보이고 있다. 특히 최근 몇 년간의 대입에서 교과전형에 수능 최저학력기준을 다시 강화하는 흐름이 나타나고 있다. 변별력을 확보하지 않으면 선발 자체가 어려워지기 때문이다.

2025학년도 수능부터 2027학년도 대입까지 나타난 이 변화는, 앞으로 내신과 수능의 결합 방식이 더욱 다양한 형태로 정착될 가능성을 보여준다.

## ❷1등급의 가치는 지금과 같지 않다

내신이 5등급제로 전환되어 상위 10%인 20명이 모두 1등급을 받게 된다. 이는 상위 4%만이 1등급을 받았던 9등급제와 비교하면, 한 학급에서 성적 우수자로 분류되는 학생 수가 두 배 이상 늘어나는 구조다. 그만큼 내신 등급이 지니던 변별력은 크게 약화될 수밖에 없다.

**내신의 변별력 약화는 현장에서 다양한 불만과 혼란을 낳고 있다.**

무엇보다 상위권의 학생과 학부모들은 '열심히 했는데도 차별화가 되지 않는다'는 박탈감을 호소한다. 과거에는 1등급이라는 결과 자체가 노력의 성과이자 경쟁력의 상징이었지만, 이제는 등급의 가치가 절하되는 것이다.

상위권 학생들 사이에서는 작은 실수 하나로 순위가 크게 갈릴 수 있음에 불안해 할 수 있고, 중상위권 학생들은 '1등급이 이렇게 많다면, 내가 정말 잘하고 있는 것인지'에 대한 판단 기준을 잃게 되어 혼란을 키울 수 있다.

같은 1등급이라면 대학은 무엇으로 학생을 구분할 것인지, 내신 관리만으로 충분한지에 대한 의문도 깊어지고 있다. 이로 인해 비교과, 수행평가, 과목 선택, 세부능력 특기사항까지 모든 요소에 신경을 써야 한다는 압박이 확산되고 있다.

내신 부담이 줄어들 것이라는 기대와 달리, 입시는 오히려 더 복잡하고 불투명해졌다는 인식이 일반적이다.


## ❸대학은 등급 외 요소를 더 깊게 들여다볼 것이다

등급이 변별력이 떨어지면 대학은 학생의 성취수준, 세부능력 특기사항(세특)뿐만 아니라 이수과목 같은 질적 자료를 더욱 비중 있게 활용할 수밖에 없다.

등급만으로는 학생을 구분하기 어렵기 때문에, 자연스럽게 종합전형적 분석 요소의 중요성이 상승한다. 그 결과 학생에게 요구되는 것은 몇 등급인가뿐만 아니라 어떤 과목을 선택했고, 어떤 깊이와 태도로 학습했는가가 된다.

이는 고교학점제가 지향하는 과정 중심의 평가와도 정확히 맞물린다.

이러한 변화는 학생들에게 결코 가벼운 요구가 아니다. 이제 과목 선택은 단순한 선호의 문제가 아니라, 입시 경쟁력과 직결되는 전략적 판단이 되었다.

한 번 선택한 이수 과목은 학생부 전반에 흔적으로 남고, 이후의 학업 흐름과 평가에도 영향을 미친다. 그만큼 학생은 과목 선택 단계부터 더욱 신중해질 수밖에 없다.

또한 선택한 과목을 듣는 것만으로는 충분하지 않다. 대학은 해당 과목을 통해 얼마나 깊이 있게 탐구했는지, 수업과 수행평가 과정에서 어떤 학습 태도와 사고력을 보여주었는지를 함께 살핀다. 이는 표면적인 성취보다 심도 있는 학습과 지속적인 탐구를 요구하는 구조이며, 결과적으로 학생들에게는 이전보다 훨씬 큰 학업적 부담으로 작용한다.

# ❹상위권은 더 치열해지고,
## 중위권은 숨통이 조금 트인다

등급 폭이 넓어지면, 이전 2등급(상위 약 5~11%)에 위치하던 학생 중 일부가 1등급 구간(상위 10%)에 편입된다. 형식적으로는 등급의 상승효과를 경험할 수 있다. 반면 상위권 학생들은 한 등급에 묶이면서, 단 한두 문제의 실수로도 치명적인 결과를 맞게 될 가능성이 커졌다.

실제로 과거 수능에서도 5등급제를 도입했다가 한 문제 실수로 등급이 밀리는 현상이 발생해 강력한 반발이 있었고, 결국 다시 9등급제로 복귀한 사례가 있다. 이번에는 내신이 그 상황을 그대로 겪을 가능성이 높다.

따라서 상위권 학생은 지금보다 훨씬 더 강력한 차별화 포인트가 필요하다. 특히 다음 요소가 핵심 경쟁력이 될 수 있기에 더욱 활동을 강화할 필요가 있다.

**차별화를 위한 활동 포인트**

심화 · 전문 과목 이수 여부(학업 선택의 방향성)

수행평가 완성도(과정의 충실성)

수업 시간의 태도 · 참여도(학습 태도의 증거)

세부능력 특기사항의 깊이(질적 학업역량 기록)

이제 성적만 잘 받는다고 상위권에서 경쟁력이 확보되는 시대는 아니다.

진로선택과목 등에서 본인의 질적으로 뛰어난 학업역량을 보여주어야 한다.


## ❺수시는 내신과 과정의 세트 전략이 필수

5등급제는 학생에게 단순 내신 그 이상을 요구한다. 대학은 이제 학생의 학업스토리와 성장 과정, 그리고 탐구의 방식과 깊이를 판단 기준으로 삼을 수밖에 없다. 이는 고교학점제의 취지와 정확히 부합하는 방향이다.

선택 과목이 늘어나고 학생마다 이수 체계가 달라지는 환경에서 대학은 학생이 어떤 과목을 선택해 어떤 역량을 형성했는지를 주요 평가 요소로 활용할 것이다. 이 점은 5등급제의 긍정적인 효과로도 해석된다.

내신 5등급제로 전환되면서 등급 간 간격이 넓어져, 작은 실수에도 성적에서 느껴지는 아쉬움이 훨씬 크게 다가오는 것이 사실이다. 그러나 이러한 변화는 학생이 자신의 학습 과정을 돌아보고, 부족한 부분을 점검하며 보완해 나갈 수 있는 성장의 기회로 삼아야 한다.

　성취도 등급은 단순히 시험 점수만으로 결정되지 않는다. 수업 참여 태도, 과제 수행의 성실성, 탐구 활동에서 보이는 사고력 등 학습 전반의 과정이 종합적으로 반영된 결과다.

　따라서 단기간 점수 향상에만 집착하기보다 장기적인 학습 습관을 기르고, 수업에 꾸준히 몰입하며, 탐구 과정에서 스스로 주도성을 발휘하는 것이 훨씬 더 중요하다.

　결과에 일희일비하기보다는 과정을 중심에 두고 꾸준함을 유지하는 태도가 결국 성취도 향상으로 이어진다.

## 내신의 시대에서 과정의 시대로

**● 2028 대입은 바로 그 변화를 요구**

5등급제 전환은 내신이라는 양적 지표를 약화시키고, 그 대신 학생의 학업 과정·과목 선택의 질과 성취의 깊이를 핵심 평가 요소로 끌어올리는 제도적 혁신이다. 상위권 학생이라면 이제 1등급 유지만으로는 부족하다.

　진로와 연결된 과목 선택, 심도 있는 학습, 과정 중심의 활동이 필수적이다. 중위권 학생이라면 전략적인 과목 선택과 꾸준한 성취를 통해 오히려 도약의 기회를 만들 수 있다. 결과에 대해 과도하게 걱정하기 보다는 성실한 과정과 지속적인 성장에 집중해야 한다.

앞으로의 내신은 숫자가 아니라, 학생의 전체 학업 여정을 평가하는 자료가 된다. 그리고 2028 대입은 바로 그 변화를 요구하기 시작했다.

# 내신 1등급의 가치가 떨어진 시대



9등급제에서 1등급은 명확한 상위권의 상징이다. 학교에서 가장 우수한 학생들이 받는 성적이고, 그 자체가 대학 진학의 강력한 보증수표다. 하지만 2028 교육과정과 함께 도입되는 내신 5등급제는 이 상징적 의미를 완전히 바꾸어 놓았다. 단순히 등급의 숫자가 줄어든 것이 아니라, 1등급이라는 성취의 변별력이 약화된 것이다.

## 가장 큰 변화는 비율에서 시작

### 🔷 1등급이 인서울 불가능할 수도

5등급제에서 1등급은 상위 10%까지다. 학생 수를 45만 명으로 가정하면 무려 4만 5천 명이 1등급을 받는다. 9등급제의 1등급

(상위 4%)과는 차원이 다르며, 이제 1등급은 더이상 최상위 그룹을 의미하지 않는다.

대학 입장에서 이 4만~5만 명을 단 한 등급으로 묶어 비교해야 한다는 것은 내신 등급만으로는 학생을 변별하기가 극도로 어렵다는 뜻이다. 여기에 '인(in)서울' 정원을 약 3만 명으로 놓고 보면 현실은 더 분명해진다.

"1등급이면 인서울 가능하다"는 공식은 더이상 성립하지 않는다.

오히려 통계적으로 보면, 1등급을 받아도 절반 이상이 인서울에 진학하지 못한다. 이는 곧 내신 1등급의 가치가 예전만큼 강력한 지표가 아님을 보여준다.

여기에 구조적인 요인이 더해진다. 고교학점제가 확대되면서 학생들은 서로 다른 과목을 선택하고, 서로 다른 난이도·평가 방식을 경험한다. 학교마다 평가 체제가 다르고 학급 규모도 작아지다 보니, 같은 1등급이라도 그 의미는 더 다양하고 복잡해졌다. 결국 숫자로만 비교하는 방식은 한계에 다다르고 있다.

대학 역시 1등급의 가치가 상위권의 강력한 지표가 아니라는 것을 충분히 인지하고 있다. 수시전형에서 대학은 단순 등급이 아니라 과목 선택의 맥락, 평가의 난도, 세부능력 특기사항의 내용, 학업태도와 과정 같은 정성적 요소로 학생을 판단한다. 5등급제의 1등급은 잘

이 때문에 상위 대학은 교과전형에 정성평가 요소를 강화하거나 학생부 종합전형에서 더욱 정교한 평가 기준을 적용하는 방향으로 움직이고 있다. 이미 성균관대, 경희대, 동국대, 한양대 등이 이러한 흐름을 반영하고 있으며, 2028 입시에서는 이러한 경향이 더욱 확대될 전망이다.

정리하자면, 5등급제의 도입은 등급을 단순 통합한 것이 아니라 1등급의 권위를 재편한 변화다. 이제 1등급은 상위 4%가 아닌 상위 10%를 의미하며, 이는 내신 프리미엄을 약화시키고 대학의 평가 기준을 다변화시키는 결과로 이어진다.

그렇다면, 내신 1등급의 가치가 희석된 시대에 필요한 전략은 무엇일까?

## ■ 수능의 영향력 재부상

내신에서 동점자가 수천 명 단위로 발생하는 구조에서는 정량적으로 변별 가능한 수능의 가치가 다시 커질 수밖에 없다. 실제로 2026 · 2027 입시에서도 교과전형과 종합전형에 수능 최저를 강화하는 대학이 늘고 있다.

## ❷ 선택과목의 수준과 무게감이 중요해진다

대학은 어떤 과목을 어떤 난이도로 공부했는가를 통해 학생의 진정성, 학업태도, 지적 성장을 확인한다. 진로와 연관된 일반 선택과목, 전공 선택과목을 택하여 높은 성취를 보여주는 것이 중요하다.

## ❸ 학생부의 내용과 서사가 성패를 결정한다

수업참여, 탐구력, 탐구 과정, 수행평가 내용 등 학생의 학업스토리는 그 자체가 역량의 증거가 된다. 특히 세부능력 및 특기사항에 잘 기록될 수 있도록 발표, 토론 활동에 적극성을 보이고, 탐구보고서 작성에 중점을 두어야 한다.

＊

내신 1등급의 가치가 희석된 시대는 학생에게 새로운 질문을 던진다. '점수 말고, 너는 어떤 학습자였는가?' '왜 그 과목을 선택했고, 무엇을 배우며 성장했는가?'

점수 중심의 시대에서 과정과 맥락을 중시하는 시대로 전환되었음을 인식해야 한다. 따라서 지금의 학생과 학부모에게 필요한 전략은 단순히 등급을 올리는 공부가 아니다. 대학이 납득할 수 있는 학업의 질, 그리고 선택의 스토리라인을 보여주는 것이 합격 가능성을 높이는 핵심 전략이다.

# 교과전형, '내신만 보면 된다'는 생각은 이제 위험하다



교과전형은 전통적으로 교과 성적을 가장 중요한 평가 수단으로 삼는 전형이다.

대부분의 대학이 학생부 교과전형에서 면접을 실시하며, 상당수 대학이 수능최저학력기준을 함께 부과한다는 점에서 구조는 비교적 단순해 보인다. 그러나 이 단순함 때문에 교과전형을 쉽게 판단하는 경우가 많고, 그로 인해 전략을 잘못 세우는 사례도 적지 않다.

무엇보다 교과전형에서 중요한 관문은 수능최저다. 내신 성적이 아무리 우수하더라도 수능최저를 충족하지 못하면 최종 단계에서 탈락하는 구조이기 때문이다. 반대로 수능최저를 충족한 이후에는 상황이 달라진다.

　수능최저를 충족한 지원자들만을 대상으로 경쟁이 이루어지기 때문에 실질 경쟁률이 크게 낮아지고, 최종 합격 가능성은 급격히 높아진다. 교과전형은 내신 경쟁이면서 동시에 수능 관리 전형이라는 이중적 성격을 지닌 셈이다.

## 단순한 성적 나열이 아니라

◑ 학업 과정과 비교과를 보겠다는 신호로 해석

전형 비중을 지역별로 살펴보면 교과전형의 성격은 더욱 분명해진다. 서울 주요 대학의 경우 종합전형 비율이 약 31.2%인 반면, 교과전형은 14.8% 수준으로 종합전형의 절반에도 미치지 못한다.

　반면 지방 대학에서는 상황이 정반대다. 교과전형이 종합전형보다 2~3배 높은 비중을 차지하는 경우가 일반적이며, 대구·경북 지역의 경우 종합전형이 21.7%, 교과전형이 57.5%로 교과전형이 압도적인 비중을 보인다. 이는 지역 대학을 중심으로 여전히 교과 성적 중심선발 구조가 강하게 유지되고 있음을 의미한다.

| 9등급 | 5등급 | 교과 | 학종 | 비교 |
|---|---|---|---|---|
| 1.2 | 1.0 | 의학계열<br>서연고 상위학과 |  | 2등급 1~2개 |
| 1.5 | 1.1 | 연고 · 서성한 | 서울대<br>연고대 | 2등급 3~4개 |
| 1.8 | 1.2 | 중경외시 | 서성한 |  |
| 2.0 | 1.3 | 건동홍숙 | 중앙대 · 경희대 |  |
| 2.2 | 1.4 | 국숭세과인아 | 건동홍숙 |  |

　　5등급제 체제에서는 상위권 대학일수록 요구되는 내신 기준이 더욱 명확해진다. 의학계열과 서울대, 연세대, 고려대의 상위 학과는 사실상 내신 1.0 수준이 되어야 합격 가능성을 논할 수 있다. 교과전형 기준으로 보면, 서울대, 성균관대, 한양대는 1.1등급 내외까지를 현실적인 범위로 볼 수 있고, 중앙대, 경희대, 한국외대, 이화여대는 1.2등급 수준까지 가능하다고 판단된다.

　　과거 9등급제 기준으로 건국대, 동국대, 홍익대, 숙명여대는 1.89등급까지 합격 가능성이 있었는데, 이를 5등급제로 환산하면 대략 1.3등급 수준에 해당한다. 또한 국민대, 숭실대, 세종대, 서울과기술대, 인하대, 아주대 등은 1.4등급 내외가 되어야 경쟁력을 기대할 수 있다.

교과전형은 통상적으로 내신 등급을 100% 반영하는 방식으로 운영된다. 그러나 최근에는 변화의 조짐도 뚜렷하다. 일부 대학은 교과 성적 외에 서류를 20~30% 반영하며 정성평가를 도입하고 있다. 이는 교과전형이라 하더라도 단순한 성적 나열이 아니라, 학생의 학업 과정과 비교과 경쟁력을 의미 있게 살펴보겠다는 신호로 해석할 수 있다.

## 교과전형에 서류평가 반영대학(2026학년도)

| 대학명 | 전형방법(%) | 수능최저 |
|---|---|---|
| 경희대 | 학생부 교과 · 비교과70+<br>교과종합평가30 | 국수영탐(2) 2개 합5, 한국사5<br>의치한:국수영탐(2) 3개 합4, 한국사5 |
| 고려대 | 학생부 교과90+서류평가10 | 인문:국수영탐(1) 3개 합7, 한국사4<br>자연:국수영과(1) 3개 합7, 한국사4<br>의예:국수영과(1) 4개 합5, 한국사4 |
| 서울<br>시립대 | 학생부 교과90+교과정성평가10 | 국수영탐(1) 3개 합8 |
| 성균관대 | 학생부 교과100:정량 평가(공통과목/일반선택)80+정성평가(전체과목 및 출결)20 | 국수영탐탐 3개 합6~7<br>의예:국수영탐(2) 수학포함 3개 합4 |
| 한양대 | 학생부 교과90+교과정성평가10 | 국수영탐(1) 3개 합7 |

## 내신과 수능 조건을 충족



이러한 방식을 채택한 대학으로는 동국대, 성균관대, 고려대, 경희대, 한양대, 서울시립대, 부산대, 경북대 등이 있다. 학생 입장에서는 이 변화가 양면적으로 작용한다. 내신이 매우 우수한 학생에게는 추가적인 준비 부담이 될 수 있지만, 반대로 내신이 다소 불리한 학생에게는 서류평가를 통해 약점을 보완할 수 있는 기회가 되기도 한다.

교과전형이라 하더라도 비교과와 학업태도가 완전히 배제되지 않는 시대가 된 것이다.

이러한 흐름 속에서 교과 이수 지도와 면접 대비의 중요성도 함께 커지고 있다. 선택과목의 이수 흐름이 전공과 어떻게 연결되는지, 수업과 학습 과정에서 어떤 태도를 보였는지는 서류평가와 면접을 통해 확인된다.

결국에는 학생부 교과전형은 더이상 내신만 관리하면 되는 전형이 아니라, 내신과 수능의 조건을 충족해야 합격이 보장되는 전형으로 변화하고 있다.

교과전형의 본질은 여전히 교과 성적에 있다. 그러나 그 성적을 어떻게 만들었는지, 그 성적을 수능과 어떻게 연결했는지, 그리고 그 과정이 학생부 전반에 어떻게 드러나 있는지가 점점 더 중요해지고 있다.

교과전형을 단순하게 볼수록 전략은 위험해지고, 구조를 이해할수록 합격 가능성은 높아진다.

# 5등급제 시대, 세특은 중요해졌지만…



고등학교 내신이 5등급제로 전환되면서 가져올 가장 큰 파장은 단순히 등급 숫자가 줄어드는 데 있지 않다. 본질적인 문제는 내신의 변별력이 약해지면서, 그 공백을 메우기 위해 학생부의 질적 요소, 특히 세부능력 특기사항(세특)이 입시의 핵심 지표로 떠오르고 있다는 점이다.

그러나 아이러니하게도, 세특의 중요성이 커질수록 공정성 논란은 더 심각한 수준으로 확대된다.

## 내신 변별력 약화

### ◐ 대학은 세특으로 눈을 돌린다

5등급제에서 1등급은 상위 10%까지다. 이 말은 곧, 같은 1등급이라도 학생의 실제 학업역량이 천차만별이라는 의미다. 대학 입장에서는 더이상 등급만으로 학생의 수준을 판단할 수 없게 된다.

그래서 대학은 자연스럽게 점수 대신 기록, 결과 대신 과정을 보기 시작한다. 이점에서 세특의 중요성이 더욱 강조되지 않을 수 없다.



①어떤 과제를 수행했는가

②어떤 주제로 탐구했는가

③어떻게 사고하고 해결했는가

④참여도는 어땠는가

⑤전공과의 연결성은 무엇인가

⑥강점과 역량이 어떻게 드러나는가

대학이 파악하고자 하는 모든 역량이 세특에 담겨 있다. 결국 세특은 5등급제에서 대학의 가장 중요한 판단 기준이 된다. 하지만 문제는 바로 여기서 시작된다.

세특은 학생 실력이 아니라 교사의 문장력, 기록 스타일에 좌우된다. 세특의 가장 큰 문제는 표준화된 기준이 없다는 것이다. 교사별로 기록 방식도 완전히 다르다.



결과적으로, 같은 역량을 가진 학생도 기록 담당 교사가 누구냐에 따라 입시 경쟁력이 달라지는 구조가 된다.

어느 교사는 이렇게 말한다.

"세특은 학생의 실력보다 교사의 철학과 문장력에 더 좌우됩니다."

"같은 과제를 해도 어떤 교사는 성장 과정을, 어떤 교사는 결과만 적습니다."

그렇다면 이것은 공정한가?

학생의 역량이 아닌 교사의 성향이 대학 합격을 좌우한다. 교사 편차는 단순한 차이가 아니다. 입시에 직접적인 영향을 미치는 구조적 불평등이다.

같은 학교 안에서도 문장력을 갖춘 교사가 담당한 반은 세특이 풍부하고, 기록을 최소화하는 교사가 담당한 반은 세특이 빈약하다. 탄탄한 세특은 세특이 10줄 넘게 촘촘히 작성되어 있는데 반하여, 어떤 학교는 세특이 '수업에 열심히 참여함' 수준에 머무른다.

다음의 두 세특을 비교해보면 더 극명하게 차이가 나타난다.

> 기후변화와 국제협력 단원에서 다양한 국가별 사례를 비교하며 문제 해결의 근본 구조를 파악하려는 태도가 돋보임. 특히 EU의 탄소국경조정제도(CBAM)와 개도국의 경제적 부담 문제를 재구성하여 설명하며 국제정치·경제의 상호작용을 깊이 있게 이해함. 조별 발표에서는 단순 정보 나열이 아니라, '선진국 중심 규범이 개도국에 미치는 경제적 영향'이라는 핵심 논점을 설정하고 자료의 신뢰성을 검증하는 과정까지 포함해 발표함. 질의응답에서는 친구들의 질문에 구체적 수치 자료를 근거로 답변하며 논리적 사고력과 의사소통 능력을 고르게 보여주었음. 학습 과정 전반에서 스스로 논점을 발전시키고 탐구 방향을 제시할 수 있는 역량이 뛰어나며 정치·경제·국제 이슈로 관심을 확장함.

위의 세특에서는 학생의 분석력, 탐구과정, 발표력과 진로역량이 명확히 기술되어 있다.

기후변화와 국제협력 단원에서 수업에 성실히 참여하고, 국가별 사례를 조사하고 비교함. EU의 탄소국경조정제도(CBAM)와 개도국의 경제적 부담에 대해 자료를 찾아 정리하여 조별 발표를 진행함. 발표 자료를 준비하고 내용을 설명하였으며, 질의응답에도 참여함. 수업 활동에 성실히 임하며 국제정치와 경제 분야에 관심을 보임.

반면에 위의 세특에서는 아무 정보도 없어 역량을 판단하기 힘든 빈약한 세특으로 전락하였다.

결과적으로, 학생이 어떤 학교, 어떤 교사를 만나는지가 진로역량, 학업역량, 탐구능력의 기록의 질을 좌우한다. 이것은 입시의 공정성과 일관성을 무너뜨리는 핵심 문제다.

학생부에 단순히 '~~발표함, 제출함, 탐구함, 작성함, 실험함'과 같은 활동 나열식 기록만으로는 평가자의 시선을 끌기 어렵다. 대학이 주목하는 것은 활동 속에서 무엇이 달랐는지이다. 발표나 실험, 탐구 과정에서 드러난 학생만의 관점, 사고의 깊이, 문제 인식의 수준과 같은 우수성이 함께 담길 때 기록의 의미가 살아난다.

또한 탐구 주제를 정하는 데 이론이나 원리, 개념이나 실험 등 비슷한 틀 안에 머무는 경우가 많다.

이때 중요한 것은 하나의 주제를 얼마나 깊이 파고들었는지, 다른 교과와 어떻게 연결해 사고를 확장했는지, 그리고 그 탐구가 융합적

세특 불평등은 사교육·컨설팅의 확대를 부추긴다

세특의 비중이 커지자, 이를 둘러싼 사교육 시장도 빠르게 확대되고 있다. 세특 컨설팅을 통해 기록 문구를 설계해 주거나, 수행평가 대비를 명목으로 탐구보고서, 발표 과제를 지도하는 형태가 늘고 있다.

일부에서는 과제 대필이나 PPT 제작을 대신해 주는 서비스까지 등장하고, 프로젝트 주제에 맞는 컨설턴트를 연결해 주거나 활동의 흐름을 하나의 이야기로 구성해 주는 이른바 스토리텔링 설계도 성행하고 있다.

앞으로의 입시는 세특 경쟁이 사실상 수능만큼 치열해질 가능성이 크다. 그리고 그 과정에서 학생의 역량보다 교사의 문장력, 학생의 사교육 의존도가 더 큰 역할을 할 것이다.

## 5등급제 시대의 세특은 '중요한 만큼 위험하다'

**○ 학교와 교사 운에 달려서야**

세특은 분명 중요한 기록이다. 학생의 사고력, 탐구력, 진정성을 담을 수 있는 좋은 틀이다. 그러나 그것은 공정하고 합리적인 기록 체계가 갖춰졌을 때만 가능하다.

지금처럼 교사 편차가 극심한 상태에서 세특의 중요성을 폭발적으로 키우는 것은 오히려 학생의 미래를 학교와 교사 운에 맡기는 것과 다름없다.

5등급제는 내신 경쟁의 압력을 줄이기는커녕, 학생부의 질적 요소 경쟁을 더욱 심화시키고 있다.

# 1등급은 10%가 아니다



5등급제를 피상적으로 보면 1등급이 상위 10%까지 확대되는 완화된 구조처럼 보인다. 그러나 실제 고등학교 현장을 들여다보면, 이 10%라는 숫자는 통계적 허상이다. 실제 1등급을 받는 학생은 10%보다 훨씬 적을 가능성이 높다.

그리고 이 사실은 오히려 2등급 학생들에게 새로운 기회가 된다. 고교학점제하에서 이루어지는 교과 운영이 기존과 완전히 다르기 때문이다.

## 과목 수가 2~3배로 늘어난다

### ○ 1등급 유지는 구조적으로 어려워진다

고교학점제에서는 학생이 선택할 수 있는 과목이 기존보다

2~3배 가까이 증가한다. 특히 인문·자연 상관없이 학생 개개인의 진로에 따라 다양한 과목이 개설되기 때문에, 과목 구성의 편차가 매우 커진다.

여기에 1학기 단위로 과목이 종료되는 구조까지 더해진다. 이것이 의미하는 바는 단순하다. 학생은 이전보다 훨씬 더 많은 과목을 이수해야 한다. 그 많은 과목에서 모두 상위 10%를 유지하는 것은 현실적으로 불가능하다.

그리고 과목 수는 늘어나고, 평가 기회는 늘어나고, 수강 인원은 과목마다 들쭉날쭉하며, 거기다 학생마다 다른 과목 조합을 선택한다. 즉, 1등급은 명목상 10%이지만, 실제로는 훨씬 더 좁은 문이 된다.

특히 2·3학년의 일반선택·진로선택 과목은 난도가 높아질 가능성이 크다. 2028 교육과정에서는 2·3학년 때 학생의 관심 분야에 맞춘 일반선택과 진로선택 과목이 대폭 확대된다. 문제는 이 과목들이 단순한 선택과목이 아니라는 점이다.

이 과목들은 학교, 교사 그리고 학생의 조합에 따라 난도 편차가 크다. 특정 과목은 상위권 학생이 몰릴 가능성이 높고, 게다가 과제 탐구 기반의 평가의 비중이 커진다. 그렇기에 평균점수가 낮게 형성되는 경우가 많다.

따라서 실제로 이 과목들에서 꾸준히 1등급을 유지하는 학생은 매우 희소해진다. 이 구조 때문에, 1등급이 10%니까 수시에서 상위권이 많아질 것이라는 생각은 현장의 평가 방식과는 거리가 먼 이야기다.

## 결과적으로 등급 분포의 상위층이 좁아진다

> 1등급이 사실상 3~5% 가능성

고교학점제의 선택과목 구조와 1학기 단위 운영에서는 1등급을 꾸준히 유지하는 학생 수가 크게 줄어든다. 그리고 상위권 학생의 등급이 과목마다 요동칠 수 있다. 실제로 일부 진로선택 과목에서는 1등급이 사실상 3~5% 수준에 머물기도 한다.

즉, 1등급의 상위 10%는 제도상의 숫자일 뿐, 실제 1등급은 더욱 희소해지고, 실질 경쟁 집단이 2등급으로 이동하는 구조가 형성된다.

그렇다면 2028 입시는 결국 누가 유리해질까?

정답은 명확하다. 꾸준히 탐구하고, 비교과를 충실히 준비한 2등급 초반대의 학생이 혜택을 받을 가능성이 높아진다.

대학은 등급의 절대값보다 과정과 과목의 무게를 더 중시한다. 어려운 과목에서 2등급을 받는 것이, 쉬운 과목에서 1등급을 받는 것보다 학종에서는 오히려 높게 평가된다. 세특·탐구와 독서를 포함하여 그렇기에 전공 연계 탐구가 좋은 학생은 2등급이어도 상위권 대학 합격 가능성이 충분하다. 이는 최근 여러 대학에서 정시에서도 비교과·내신을 반영하기 시작한 흐름과도 맞닿아 있다.

2등급 학생이 갖는 가장 큰 경쟁력은 비교과 역량을 차별화할 수 있다는 것이다. 2028 입시에서는 다음의 내용을 어필하는 학생들이 높은 평가를 받을 수 있다.

> 세특에서 깊이 있게 탐구한 경험
>
> 수행평가 기반의 보고서·분석 과정
>
> 관심 분야를 찾아가는 탐색의 흐름
>
> 독서를 통한 지적 확장
>
> 활동 간의 연결성

대학은 점수보다 학업스토리의 설득력을 본다. 따라서 다음과 같은 학생들은 2등급이어도 매우 강력하게 어필할 수 있다.

✔수학적 모델링을 탐구하며 경제학에 관심을 넓힌 학생

✔윤리·정치 이슈를 사회수업과 연결해 분석한 학생

✔데이터 기반 보고서를 작성하고 확률·통계적 사고를 보여준 학생

✔과학 실험보고서를 통해 탐구 설계 역량을 보여준 학생

이런 역량을 보여주는 학생들은 1등급이 아니어도 상위권 대학에서 관심을 기울이는 검토 대상이 된다.


## 2028 입시는 1등급 시대가 아니라 2등급의 기회 시대
**▶ 1등급 증가로 입시가 힘들 것이라는 오해에서 벗어나야**

많은 학생과 학부모가 1등급이 늘어나니 입시가 쉬워진다고 오해한다. 그러나 실제 학교 현장과 평가 구조를 보면, 1등급은 오히려 훨씬 더 귀해질 가능성이 크다.

그리고 이 구조는 2등급의 학생들은 오히려 더 많은 기회가 주어져서 포기할 필요가 없다는 메시지를 던져준다. 2028 대입의 승자는 불안정한 등급 속에서도 깊이 있는 비교과, 일관된 탐색, 전공 연계 학업스토리를 만들어낸 학생이다. 그런 학생이 바로 학종에서, 교과전형에서, 심지어 정시에서도 대학이 관심을 갖는다.

# 수행평가, 등급을 좌우한다(?)



학생부의 불필요한 부담을 줄이고, 수업 중심의 평가를 정착시키겠다는 취지로 설계된 것이 2028 교육과정이다. 그러나 제도가 현장으로 내려온 지금, 교육계와 학부모 사이에서 가장 뜨거운 논란은 예상 밖의 영역에서 터지고 있다. 바로 수행평가다.

제도 설계자들의 의도는 분명했다. 수행평가는 시험 점수 중심의 평가에서 벗어나 학생의 적극적인 수업참여와 과정을 통해 사고력 향상과 성장을 기록하기 위한 도구다. 그러나 5등급제가 도입되면서 수행평가의 의미는 현장에서 완전히 다른 형태로 뒤바뀌었다.

5등급제는 내신 변별력을 끌어내리며, 수행평가의 영향력을 폭발적으로 키웠다. 5등급제의 1등급은 상위 10%까지다. 즉, '1등급'이라는 표시는 과거보다 훨씬 넓은 집단을 묶는다.

그 결과, 대학은 성적표의 등급이라는 숫자보다 세부능력 특기사항과 과정 평가를 더 깊게 들여다보기 시작했다. 여기서 문제가 발생한다. 내신 등급 간 변별이 약해진 만큼 수행평가의 1~2점 차이가 결정적 변수가 되는 구조가 만들어졌다.

실제로 현장에서는 한 학기에 수행평가가 40~50개에 육박하기도 한다. 원래는 수업 과정 속 성장 평가였던 수행평가가 이제는 학생의 진로, 대학을 좌우하는 사실상의 입시 점수가 되어버린 것이다.


## 1~2점 혹은 0.1점의 세계…

◐ **수행평가가 등급을 결정한다**

5등급제에서는 상위 10%, 다음 20% 단위로 등급이 부여되기 때문에 동점자가 대량 발생하고, 조금의 점수 차이가 등급을 가른다.

그 현실 속에서 수행평가는 더이상 과정 기록이 아니다. 오히려 매우 치열한 영역이 되어버렸다. 발표 과제에서 실수한 1점, 보고서 분량 부족으로 깎인 0.5점, 팀플에서의 역할 비중, 자료 조사 퀄리티 등이 작은 요소들이 등급을 뒤흔든다.

그리고 등급 변화는 학생의 희망 전공, 학생부 스토리라인을 넘어서서 대학 합격 가능성까지 영향을 미친다. 그러니 수행평가는 더이상 성장을 위한 평가가 아니라 입시 생존을 위한 정밀한 채점이 되어버렸다.

## 학교 밖 요인이 개입되기 쉬운 구조
⬄ '부모찬스' '사교육찬스'의 문제

수행평가가 과제형으로 이루어질 때 가장 큰 공정성 문제는 바로 학교 밖에서 누구의 도움을 얼마나 받을 수 있느냐다.

현장에서 나온 실제 사례를 보면 PPT 디자인에 부모 도움을 받았다는 평가가 나온다. 또한 보고서 문장을 다듬는데 사교육의 도움을 받는 경우도 있다. 실험 기구나 자료 조사 그리고 참고문헌 수준에서의 격차가 발행한다. 전문가가 운영하는 외부 프로그램을 활용한 '고퀄리티 과제'도 등장한다.

결국 수행평가 과제의 수준이 학생의 역량이 아니라 부모의 역량과 사교육에 의해 결정되는 구조가 형성된다. 평가 기준은 공정해 보일지 몰라도 출발선은 이미 불공정한 것이다.

수행평가가 입시의 핵심 변수가 된 만큼 이 문제는 더이상 현장의 작은 불만이 아니라 정책적 차원에서 다뤄야 할 수준으로 확대됐다.



| 과목 | 수행평가 주제 | 평가방식 | 평가 포인트 |
| --- | --- | --- | --- |
| 국어 | 설명문, 논설문 기반 사회 쟁점 관점보고서 | 제시문 독해, 핵심 논점 정리, 관점 비교 및 자신의 견해 서술 | 논점 파악력, 근거 활용 능력, 논리적 서술력 |
| 수학 | 함수 단원을 활용한 현실 문제 모델링 | 실생활 사례 선정, 함수 설정 이유 설명, 그래프 해석 | 개념 이해도, 사고 과정의 논리성, 결과 해석에 대한 능력 |
| 영어 | 사회, 환경 이슈 영어지문 독해 및 영작 | 사례조사, 원인, 결과분석, 해결방안 제시 | 문맥이해력, 단어 추론력, 의미 중심 표현능력 |

# 수행평가가 교육을 왜곡한다

## ▶ 학습 과정이 아닌 입시 전투

원래 수행평가는 학생에게 탐구와 협력의 기회를 제공하고 수업의 참여도를 높이는 기제였다. 그러나 지금은 완전히 다른 방향으로 변질되고 있다.

수행평가 개수가 너무 많아져 학생들은 수업을 통해 개념을 이해하고 사고를 확장하는 시간보다 다음 수행평가 준비를 위한 시간으로 인식한다. 보고서, 발표 등의 과제가 과도하게 쌓이며 진짜 학습 과정은 사라지고 점수를 따기 위한 산출물 만들기가 중심이 되는 왜곡된 상황도 적지않다.

즉, 수행평가의 본래 취지였던 학습 과정의 성장은 희미해지고, 입시 점수 경쟁만 남았다는 인식이 확산되고 있다. 그럼에도 불구하고 수행평가를 피할 수 없는 현실이라면, 다음과 같은 접근으로 대처해 볼 수 있다.

첫째, 과제를 새로 만들어내기보다 수업 시간에 다룬 개념과 질문을 그대로 확장해 수행평가로 연결하는 것이 효율적이다.

둘째, 결과물보다 탐구 과정과 사고의 흐름이 드러나도록 준비하면 평가의 질이 높아진다.

셋째, 여러 과목의 수행평가를 하나의 주제로 연결해 준비하면 부담을 줄이면서도 기록의 일관성을 확보할 수 있다.

수행평가는 잘 보여주기보다, 수업을 충실히 따라간 흔적을 남기는 과정이라는 점을 인식하는 것이 무엇보다 중요하다.

# 2028 수능, 오해는 많고 방향은 분명

## 3부

# 선택과목 없는 통합형 2028 수능



2028학년도 수능부터 국어·수학·탐구 과목에 대해 선택과목이 폐지되고, 통합형 수능으로 시행되는 체제가 적용된다. 즉, 더이상 '문과/이과' 구분에 따라 과목을 골라 응시하는 방식이 아니라, 모든 수험생이 동일한 과목을 응시하게 된다.

시간 및 문항 수 등 기본 체제는 대체로 현행대로 유지된다. 평가방식도 기존과 같이 9등급 상대평가로 유지(절대평가 과목 제외)된다.

하지만 선택과목이 공통사회, 공통과학으로 개편되는데 과목 선택에 따른 유불리 및 과목 쏠림(전략 선택)이 공정성을 저해한다는 지적 때문에 이를 해소하기 위함이다.

| 과목 | 변경 전 (현행~2027) | 변경 후 (2028~) |
|---|---|---|
| 국어 | 공통+선택과목(예: 화법과 작문, 언어와 매체 등) | 선택과목 폐지→모든 수험생 동일한 국어 영역 응시 |
| 수학 | 공통:수학Ⅰ, 수학Ⅱ+선택: 확률과 통계/미적분/기하 등 | 전체를 통합:선택 없음. 출제범위는 '대수', '미적분Ⅰ', '확률과 통계' 중심—기존의 미적분Ⅱ, 기하 등은 수능에서 제외 |
| 탐구 (사회/과학) | 탐구(사회/과학) 사회:여러 과목 중 택2/과학:여러 과목 중 택2 등 선택 | 사회→'통합사회', 과학→'통합과학'으로 통합. 모든 학생이 탐구 응시—다수 과목 선택 구조 폐지 |
| 제2외국어 /한문 | 제2외국어/한문 기존처럼 선택과목 유지 | 구조 및 과목 수는 유지되나, 전체 시험 체제 내에서 배치 변경, 일부 문항 수/시간 변경 (예:20문항, 30분) |

이러한 변화가 의미하는 것은 수능 과목이 통합되면서 모든 수험생이 동일한 과목을 치르게 되어, 과목 선택을 통한 전략적 유불리가 사라짐으로써 공정성을 강화하려는 취지이다.

하지만 동시에 이과 심화 과목이 수능에서 사라져 의대나 공대 등의 자연계열 지망 학생들도, 수능만으로는 심화 수학/과학 역량을 보여주기가 어려워졌다. 이에 따라 대학은 전공연계 과목 이수, 내신, 대학별 고사, 논술/면접 등으로 변별력을 확보하려는 노력을 보이고 있다.

실제 일부 대학에서는 이미 '전공연계 과목 이수 권장' 입장을 내고 있다.

또한 탐구 과목이 통합됨에 따라, 과목 간 세분화된 지식보다 융합적 사고력이 중시되었고, 기초 개념 이해가 강조되는 출제 경향이 예상되고 있다.

통합사회에서는 현재 수능 사회탐구 9개 과목 중 역사 부분을 제외한 7개 과목을 통합적으로 배우는 과목이다. 그렇기 때문에 단편적인 지식보다는 다양한 과목을 융합한 문제를 지향하고 있다. 실제 수능에서도 하나의 문제에 다양한 과목을 통합적으로 물어보는 방향으로 출제할 것이라고 교육부에서도 언급한 바 있다.

학생들은 처음 접하는 통합적 과목이 낯설어 통합사회, 통합과학을 어렵게 느끼는 학생이 많다.

수능까지 대비해야 하기에 학교에서도 조금 더 심화된 내용으로 수업이 진행되는 경향이 뚜렷하다. 또한 자신이 흥미 있고 좋아하는 한두 개 과목만 잘하면 되는 것이 아니라 통합사회처럼 지리, 윤리, 정치, 법 다양한 분야의 지식을 하나의 문제에서 물어보기 때문에 이해하기 힘들어 어렵게 느끼게 된다. 한 문제 때문에 등급이 달라질 수 있기에 그 중요성이 더욱 커지게 되었다.

# 학습 전략 및 입시 대책



## 기초 개념을 철저히 다지기

미적분Ⅱ와 기하 등 심화 내용이 수능 출제범위에서 제외되면서, 수학 학습의 초점은 오히려 더 기본적인 영역으로 이동하고 있다. 대수, 미적분Ⅰ, 확률과 통계와 같은 공통 범위에서 개념을 얼마나 정확하게 이해하고, 이를 다양한 상황에 적용할 수 있는가가 성적을 가르는 핵심 요소가 된다. 단순한 공식 암기나 유형 풀이에 그치기보다는, 개념 간의 연결 구조를 이해하고 새로운 문제 상황에서도 논리적으로 접근하는 연습이 중요해졌다.

탐구 과목 역시 접근 방식의 전환이 필요하다. 사회와 과학이 통합형으로 바뀌면서, 특정 과목 지식을 개별적으로 암기하는 방식은 한계가 분명해졌다. 대신 교과 간에 어떤 개념이 어떻게 연결되는지, 사회·과학 현상을 어떤 논리 흐름으로 설명할 수 있는지를 이해하는 학습이 요구된다. 이는 단순한 암기형 학습보다 문제 해결력과 사고력 중심의 공부가 중요해졌음을 의미한다.

## 내신 관리와 학교 과목에 충실한 준비

2028 입시 체제에서는 내신과 학교 교육과정의 중요성이 더욱

커지고 있다. 특히 상위권 대학이나 이공계 진학을 희망하는 학생이라면, 고등학교에서 개설되는 심화 수학·과학 과목의 이수를 소홀히 해서는 안 된다. 이는 단순히 과목을 많이 듣는 문제가 아니라, 대학이 요구하는 학업 역량을 고등학교 단계에서 얼마나 충실히 준비했는지를 보여주는 지표가 되기 때문이다.

수능 성적만으로 대학에서의 학업 수행 능력을 완전히 증명하기는 점점 어려워지고 있다. 대학은 학생부를 통해 교과 이수 흐름과 학습의 깊이를 함께 살피고 있으며, 학교 수업을 충실히 따라가며 성취를 쌓아온 학생을 선호한다. 따라서 내신 관리는 단기적인 점수 관리가 아니라, 고등학교 교육과정을 성실히 이수했다는 증거를 쌓는 과정으로 접근할 필요가 있다.

## 대학별 고사 대비와 전공 준비의 병행

수능과 내신만으로 모든 입시 준비가 끝나는 시대는 지났다. 논술, 면접, 전공 관련 과목 이수 조건 등 대학별로 요구하는 요소가 점점 다양해지고 있기 때문이다. 지원하고자 하는 대학의 전형 구조와 평가 기준을 미리 확인하고, 이에 맞춘 준비를 병행하는 것이 필수적이다.

특히 전공과 연계된 학업 준비는 단순한 입시 전략을 넘어, 대학 진학 이후의 학업 적응력과도 직결된다. 기존의 수능 점수와 탐구 선택 과목 조합 중심 전략에서 벗어나, 교과 이수·전공 적합성·대학별 고사 대비를 함께 고려하는 다각적인 입시 설계가 요구된다. 이러한 준비가 갖춰질수록, 변화된 입시 환경 속에서도 선택의 폭을 넓히고 합격의 가능성이 높아진다.

## 통합 과목과 융합형 평가 체제

과목 선택 부담이 줄면서 사교육 과열은 일부 완화될 수 있다는 견해는 너무 섣부른 판단이다. 융합형 문제로 출제되기에 오히려 학생들에게 체감 난이도가 높을 수 있다. 더불어 '내신+교과 이수+논술과 면접' 등에 대한 부담은 오히려 늘어날 수 있다고 볼 수 있다.

학교 차원에서는 통합 과목과 융합형 평가 체제에 맞춘 수업 설계, 내신 평가방식 변화에 대한 대응이 필요하다. 입시기관과 학원은 단순 암기형 수업보다 개념 이해, 논리적 사고, 융합적 문제 접근을 중심으로 커리큘럼을 재편하는 등 발 빠르게 움직이는 모습을 보이며 이러한 움직임에 대응하고 있다는 점을 인식해야 한다.

전통적으로 '이과 수학+심화 과학'을 요구해 오던 이공계, 의대 등은 전공연계 과목 이수 요건 강화, 또는 면접과 논술 확대로 학생 선발 방식을 다각화하고 있기에 이에 대한 대비가 필요하다.

학생들이 문·이과 구분 없이 지원할 수 있는 폭은 넓어지나, 대학

## 올해 1~2학년부터 계획 세우기

2028년에 수능 보는 학생은 지금부터 '통합 수능과 내신, 전공교과 이수와 대학별 요구조건'을 모두 고려한 로드맵을 설계할 필요가 있다.

우선 기초 개념과 기초 실력 우선 확보가 중요하다. 기본이 흔들리면 실점 리스크가 크다. 혼합형 탐구와 더불어 사고력 중심 학습이 더욱 강화되어야 한다. 단순 암기보다 논리적 분석, 통합적 이해가 바탕이 되어야 하기에 결코 1등급이 용이하지 않다는 점을 인식해야 한다.

내신 등급을 높이기 위해 학교 과목에 허투루 접근해서는 안 된다. 특히 상위권 또는 이공계 지망이면 내신을 탄탄하게 준비하면서 전공과 연계된 과목 이수가 중요하다. 지원 대학의 모집요강과 전형 요소를 미리 분석하고 대비해야 한다. 전공연계 과목을 확인하고, 내신 반영 방법 등의 자세한 내용을 숙지해야 한다. 최후까지 버티는 학생이 승리할 수 있다. 최후의 보루를 위해 논술과 수능도 준비하는 자세가 필요하다.

# 2028 수능이 물수능이다(?)



2028학년도 수능을 두고 교육부는 부담 완화를 강조한다. 선택 과목이 사라지고 범위가 줄어드니 쉬워진 시험이라고 설명한다. 그러나 입시 현장에선 정반대의 분석이 나온다. 과목은 줄었지만, 변별의 필요성은 더 커졌다. 이를 위해 출제 난도는 오히려 상승할 수밖에 없는 구조로 인식하는 것이다.

이제 2028 수능은 학생들의 염원과는 달리 많은 전문가들이 한목소리로 말하는 불수능의 가능성도 높아지고 있다.

## 문·이과 구분 폐지

#### ◯ 난도 유지가 아닌 상승이 필수

2028학년도 수능에서의 가장 큰 변화는 문과·이과의 구분이 사라진다는 점이다. 이는 단순한 제도 변화가 아니라 수학·과학·사회 전 영역의 고난도 문제를 공통으로 풀어야 한다는 의미다.

이과 상위권은 이미 수학 고난도 문제에 익숙한 집단이고, 문과 상위권은 빠른 독해와 언어 감각이 강하다. 두 집단이 한 시험에서 경쟁하면 어떻게 될까? 출제진은 어느 한쪽이 유리해지는 구조를 절대로 만들 수 없다.

그렇다면 남는 선택지는 단 하나다. 더 깊고 더 다층적인 사고력 문제로 변별을 올리는 것이다.

문항 수는 그대로인데 상위권이 몰리면 난도 상승은 구조적으로 필연적이다.

## 범위 축소가 난이도 하락이 아니라 난도 집약

🔵 **더 복합적·융합적 사고를 요구**

2028학년도 수능은 범위가 줄었다. 범위가 축소되면 난이도가 하락할 것이라는 것은 단순한 생각이다. 오히려 난도가 집약될 가능성이 높아진다.

실제 출제의 방향은 더 복합적·융합적 사고를 요구하는 방향으로 이동할 것이다.

범위가 줄어들었다는 것은 곧 남은 범위 안에서 최대한 변별하겠다는 가능성이 높아진다. 예를 들어, 문항 수 100개가 70개의 범위에서 나오던 것이 문항 수 100개가 40개의 범위에서 나오는 것으로 바뀌는 셈이다.

즉, 여러 개념을 결합하여 훨씬 깊고 어려운 방식으로 출제될 여지가 커진다.

결국 교육과정의 축소는 난이도를 낮추는 것이 아니라 출제의 깊이를 더 강하게 집중시키는 효과를 가져온다.

## 내신 5등급제

> 🔵 대학은 결국 수능으로 변별할 수밖에 없다

2028학년도부터 본격 도입되는 내신 5등급제는 학생·학부모 사이에 큰 혼란을 불러온다. 그 이유는 단 하나다. 1등급이 상위 4%였는데, 상위 10%로 폭증했다. 즉, 예전에는 30명인 반에서 1명만 받을 수 있던 1등급이 이제는 3명이 받을 수 있는 구조다.

상위권에서 변별력이 급격히 떨어지며 대학은 당연히 묻지 않을 수 없다.

'그럼 누가 진짜 상위권이야?'

그리고 그 답은 수능에서 찾을 수밖에 없다.

내신의 변별력 약화가 수능의 변별력 강화로 이어지고, 이는 곧 수능 난도 상승으로 이어진다.

이는 치열한 경쟁의 수능에서 현실적으로 피할 수 없는 구조적 흐름이다.


## 공통사회 · 공통과학의 융합형…

◐ 학생 체감 난도는 더 올라간다

2028학년도 수능에서 새롭게 적용되는 공통사회 · 공통과학은 단순히 범위를 줄인 과목이 아니다. 이전에는 사회탐구에서만도 17개 과목에서 2개를 선택했지만, 이제는 통합사회, 통합과학 두 과목 모두를 응시해야 한다.

통합사회, 통합과학은 융합적 사고 · 자료 분석 · 복합 추론을 요구하는 과목이다.

예를 들어 공통사회에서 경제, 정치, 사회문화, 지리 개념이 한 문제 안에서 섞여 나온다.

공통과학에서도 물리 원리로 상황을 이해한 뒤 화학적 변화로 추론하고 생명과 지구 개념까지 연결해야 한다. 학생들이 처음 경험하는 완전히 새로운 형태의 고난도 융합형 문제다. 범위가 줄었으니 쉽게 출제될 것이라는 말은 현장을 모르는 너무도 순진한 인식이다.

### 학교 수업의 역설: 일반선택 · 전공선택에서도 결국 고난도 문제

2, 3학년 때의 선택과목은 일반선택(공통 기초)과 전공선택(진로 기반 심화)으로 나뉜다. 그러나 정작 현장 교사들이 가장 질문하는 부분은 다음과 같다.

‘변별이 안 되는데 수업을 어떻게 해야 하나요?’

‘평가를 쉽게 하면 학생들이 대학에 불리해지고, 어렵게 하면 교육과정 취지에 어긋나고… 어느 장단에 맞춰야 하나요?’

그 결과, 학교 현장에서 공통적으로 나타나는 흐름은 하나다, 평가가 점점 더 고난도화된다. 또한 수행평가와 지필평가 모두 심화 개념을 다루게 된다. 학생들은 선택과목에서 미니 수능같은 문제로 수능을 연습하게 된다.

2028 수능은 쉽게 공부하고 쉽게 합격하는 수능이 아니라 변수가 줄고, 실수 하나가 합격을 좌우하는 ‘불수능’이 될 것이다. 그렇기에 2028 수능을 준비하는 학생에게 필요한 전략은 단순하다.

‘불수능’을 대비하여 고난도 문제를 중심으로 하는 학습체계가 확립되어야 한다. 깊은 개념 이해하고 고난도 문제 해결력을 갖추고, 자료와 문항을 해석할 수 있는 능력이 필수적이다.

　2028학년도 수능의 본질은 단순하다. 국어와 수학에서는 범위가 줄어들었을지 몰라도, 난도가 응축된 것으로 인식해야 한다. 수능이 어려울 수밖에 없는 토양이 이미 학교 안에서 만들어지고 있다.

# 수능 학습 공백 2년



수능·내신·교육과정이 동시에 바뀌는 가장 큰 전환점이 2028 학년도이다. 그 변화 속에서 가장 크게 흔들리는 영역은 바로 수능이다. 그리고 표면적으로는 학생 부담을 줄이기 위한 개편처럼 보이지만, 실제 입시 현장에서 마주하게 될 문제는 오히려 정반대다.

새로운 수능은 사실상 1학년 때 배운 공통과정에서만 출제된다. 국어·수학·영어 모두 1학년 공통과목의 범위 안에서 문항이 구성된다. 과학은 공통사회와 공통과학을 인문자연 관계없이 모두 치러야 한다. 겉보기에 이는 학생 부담을 줄인다는 취지이다. 그런데 이 구조가 실제 고교 현장에 들어가면 예상치 못한 심각한 문제가 발생한다.

2·3학년은 수능과 무관한 일반선택과 전공선택 중심 수업이 된다, 2028 교육과정에서 2학년, 3학년은 학생이 선택한 일반

선택, 진로선택과목의 비중이 매우 높다. 즉, 교육과정 자체가 수능과 분리되어 운영되는 셈이다.

학생들은 2·3학년 학교 시간 대부분을 전공 관련 심화 수업, 프로젝트형 수행평가, 실험·발표·탐구 중심의 과목에 투입하게 된다.

이러한 과정에서 학교 수업은 수능 범위와 점점 멀어진다. 선택과목을 진행하면서 내신에 신경 쓰기 바쁘다. 학교 일정은 수행평가가 과도하게 많아지기에 정작 수능 범위를 다시 복습할 틈이 사라진다. 결국 1학년 때 배웠던 수능 범위는 2년 가까이 손도 대지 못한 채 잊혀지기 쉽다.

## 2년 정도는 수능과 멀어질 수 있다

> ◉ 고3 여름에 시작하면 이미 너무 늦다

고교학점제와 5등급제가 맞물리며 학생들은 2·3학년 내신에서 더 치열한 내신 경쟁을 치르게 된다. 선택과목마다 상위 10%가 1등급이므로 변별력이 떨어지고 과목마다 수행평가는 압도적으로 늘어나기에 전공선택과목일수록 내용이 심도가 높아지고, 과제 부담이 증가한다.

이 와중에 수능 학습의 공백이 생긴다. 2년 정도는 수능과 멀어질 수 있다.

수업참여·평가 과정 하나하나가 학생부에 기록된다. 이 모든 것 때문에 학생들은 내신을 놓치면 바로 선택과목에서 진로 역량까지 날아가는 구조에 놓여 있다. 따라서 2·3학년 동안 학생들은 수능보다 내신 생존에 주력할 수밖에 없다.

그러니 결과는 명확하다.

고1 이후 수능 공부는 지속적으로 끊긴다. 하지만 수능을 고등학교 3학년 여름에 시작하면 이미 너무 늦다. 이것이 2028체제가 만든 가장 큰 수능 공백기 문제다.

일부 학교에서는 2·3학년 시기에 수업시간을 활용해 사실상 수능 중심 수업을 시도하는 파행적 모습도 나타날 수 있다. 수능 대비에 공백이 생기는 상황을 학교가 좌시하기는 어렵다. 결국 현실적으로 수능이라는 거대한 평가 체계를 의식할 수밖에 없고, 그에 따라 정규 수업 중 일부 시간을 활용해 복습이나 문제 풀이를 진행하려는 움직임이 충분히 예상된다.

그러나 이러한 대응은 또 다른 문제를 불러올 수 있다. 전공 선택과목의 교육과정이 축소되거나 비워지면 학생의 과목 선택권이 침해될 가능성이 크다. 또한 학교마다 수능 대비 수업의 비중과 방식이 달라지면 내신의 공정성 문제가 제기되고, 학교

간 학업 격차가 더욱 심화될 수 있다.



즉, 제도는 수능·내신·교육과정을 분리해놓았는데, 현장은 그 분리를 감당할 수 없어 다시 합치려 하며 혼란이 생기는 것이다.

그 결과 학생들은 학교도 수능, 내신도 수능, 사교육도 수능이라는 어정쩡한 삼중 구조에 놓이게 된다. 이러한 모순은 학생들만 더욱 혼란에 힘들게 하는 것이다.

# 수능 준비는 언제, 어떻게 해야 하는가



2028학년도 대입체제는 수능·내신·교육과정을 명확하게 분리하려는 의도를 갖고 설계되었다. 수능은 1학년 공통과정에서만 출제하고, 2·3학년은 학생의 진로에 따라 선택과목 중심으로 운영하며, 내신은 수업 참여 기반의 다양한 수행평가로 평가하겠다는 취지다.

문제는 이상과 현실의 간극이다. 교육과정의 설계는 세 영역을 분리해 두었지만, 실제 학교 현장은 이 분리를 감당하기 쉽지 않다. 전공선택·일반선택 중심의 2·3학년 수업은 내신 경쟁과 수행평가로 이미 벅찬데, 수능 범위는 고1에서 끝나버린다. 이러니 학교는 수능 공백을 버티지 못하고 다시 수능을 끌어오게 된다.

결국 2학년부터 곳곳에서 이런 상황이 벌어진다.

'2·3학년 전공선택 수업인데, 선생님이 수능 문제집을 가져

오란다.'

'학교는 내신 내야 한다고 하고, 학원은 수능한다고 하고… 둘 모두 따라야 한다.'

교육제도는 분리를 선언했지만, 현장은 수능 공백에 불안해 다시 합치려는 모순이 생기는 것이다.


## 진짜 승자는 고1부터 차근차근

⭕ 끊김 없이 준비한 학생

바로 이 혼란 속에서 수능을 언제·어떻게 준비해야 가장 효율적인가라는 질문이 등장한다. 수능은 고등학교 1학년부터 시작해, 끊기지 않게 유지해야 한다. 2028 수능은 겉보기에는 범위를 축소한 것 같지만, 실제로는 학습 공백이 생기는 시험이다. 고1에서 배운 내용을 고3까지 기억하고 실전까지 끌고 가야 한다. 이 공백을 그냥 두면 고3에서 회복하는 것은 쉽지 않다.

그래서 최적의 학습 골든타임은 다음과 같이 명확히 설정할 수 있다.

◉ **고1 : 수능 기반 만들기 단계** — 

고1은 단순히 첫해가 아니라 수능의 근본을 만드는 시기다. 2028 수능의 출제범위 자체가 고1 공통과목이기 때문이다.

▶ 반드시 해야 할 핵심 학습

①공통과목 개념 완성

국어: 독해 원리, 지문 구조 분석, 문법 기초

수학: 함수·방정식·확률 기초, 계산력 정비

영어: 기본 문장 구조, 어휘력 기반 만들기

②문제 풀이 습관 형성

국·수·영 모두 '개념 → 기본 유형 → 대표 기출까지'

이 단계를 완성하지 않으면 고등학교 2학년 이후 복습 자체가 힘들어진다.

③학습 공백 만들지 않기

중간에 3~4주씩 멈추는 순간 수능 범위를 잊기 시작한다. 고등학교 3학년에서 이 공백을 메꾸는 데 드는 시간은 최소 5배 이상 소요된다. 고1은 점수 올리는 시기가 아니라, 수능을 할 수 있는 상태가 되는 시기다. 이 시기가 허술하면 고3에 가서 모두 후회한다.


◉ **고2 1학기까지: 가벼운 유지 단계** — 감을 잃지 않기 위한 최소 루틴

고2부터는 교육과정이 수능 범위를 벗어나 일반선택·전공선택

으로 이동한다. 따라서 수능 공부가 자연스럽게 줄어들기 시작한다. 문제는 이때 감을 놓치는 순간 수능 실력이 완전히 다시 내려간다는 점이다.

▶ 유지해야 할 핵심 루틴

①주 1~2회 복습이 핵심

국어: 지문 5~8개+어휘

수학: 기본 문제 10~15문항

영어: 구문 독해+짧은 듣기

②1학년 핵심 개념 정리

이 시기부터는 새로운 것을 배우기보다 고1에서 익힌 개념을 녹슬지 않게 유지하는 역할이 더 중요하다.

③수행평가 시즌에도 최소 루틴 유지

수행평가가 많아져도 국·수·영 루틴을 완전히 끊으면 고3에서 재시작하는 데 2개월 이상 걸린다. 고2 1학기는 줄어든 공부량을 일정하게 유지해 무너지지 않게 만드는 시기다. 이 시기를 놓치는 순간 고3 초반이 고생길이 된다.

● **고2 겨울방학: 본격 전환 단계 — 사실상 수능 시작점**

대다수의 학생이 실제로 수능 체제를 처음 경험하는 시기가 바로 이 시점이다. 그리고 이 시기가 가장 중요하다. 왜냐면 고3이 시작되면 내신준비와 전공과제 그리고 학교 행사 등으로 수능에 집중할 시간이 거의 없어지기 때문이다.

▶ 이 시기에 해야 할 핵심 전략

①고1 공통과정 전 범위 재정비

국어: 독해 원리 복습+실전 지문 유형별 정리

수학: 공통 범위 전 단원 개념 재정리

영어: 문장 구조·어휘·기초 문법 재정비

②실전 문제 풀이 도입

기출문제 처음으로 접하는 시기

영역별 시간 배분 훈련 시작

국어는 비문학, 수학은 공통문항 중심

③개인별 수능 전략 설계

국어: 기출에서 약한 유형 확인

수학: 계산 실수 vs 개념 미흡 구분

영어: 어휘력 vs 구조 독해 중 문제 원인 파악

고2 겨울방학은 수능 체제로 넘어가는 첫 관문이자, 가장 높은 효율이 나오는 시기다.


● **고3: 정리·고도화 단계 —** 스스로 계획하지 않으면 아무것도 안 된다

고3의 가장 큰 특징은 학교 수업과 수능 범위가 완전히 분리되어 있다는 점이다. 전공선택 과목은 발표나 프로젝트, 과제와 실험으로 바쁘고 수능과는 크게 관련이 없다. 즉, 고3의 수능

공부는 학생 본인이 만들지 않으면 존재하지 않는다.

▶ 고3에서 반드시 해야 할 학습

①실전모의고사 중심의 고도화

영역별 시간 제한 훈련

실전감 유지

오답 분석 체계화

②취약 단원 집중 보완

수능의 범위가 줄었다고 해서 시험이 쉬워진다는 생각은 오해에 가깝다. 범위는 좁아졌지만 출제의 깊이와 난도 조절의 폭은 오히려 더 커질 수 있기 때문이다.

국어는 교과서 범위가 아무 의미가 없다. 어차피 외부 지문으로 출제되므로, 출제진이 난도를 조절하려 하면 언제든 고난도 독해 지문을 배치할 수 있다. 영어 역시 2026수능에서 확인했듯이 듣기·독해 모두 체감 난도가 크게 올라갈 수 있는 구조다.

수학 역시 단순해지지 않는다. 선택과목은 사라졌지만, 실제로는 미적분Ⅰ·Ⅱ 개념을 기반으로 한 공통수학 심화 문제가 충분히 출제될 수 있다. 오히려 범위가 좁으면 고득점 컷을 가르기 위해 더 정교하고 복합적인 문항이 등장할 가능성이 높다.

공통사회와 공통과학 또한 쉬운 과목이 아니다. 기존 내신 수준의 단편 지식을 묻는 방식이 아니라 여러 영역을 통합한 융합형 문항이 결국 범위 축소는 공부량 감소를 의미하지 않으며, 상위권 변별을 위해 난도는 오히려 더 높아질 수 있다. 따라서 단순히 한두 단원만 보완해 급격히 점수가 오르는 시험이라고 보기 어렵다.

③내신·학교행사 일정 사이에서 자투리 시간 적극 활용

수행평가를 준비하기 위해 하루 최소 1시간 수능 루틴을 설정해야 한다. 이동 시간이나 쉬는 시간을 활용해 단어나 개념 점검이 필수적이다. 고3은 수능이 쉬워지는 시기가 아니라, 학교가 수능을 책임지지 않는 시기다. 따라서 학생이 주도하지 않으면 실력은 떨어진다.

＊

수능은 언제 준비하는가를 아는 학생이 이긴다. 2028체제는 학생 부담을 줄이려 했지만, 오히려 수능학습 공백기 2년을 만들어버렸다. 따라서 성공의 기준은 성실함과 전략이다.

고1을 흘려보내면 고3 여름에 시작해도 이미 늦다. 수능은 범위가 줄었지만, 시험은 더 전략적인 시험이 되었다. 먼저 준비한 학생이 압도적으로 유리하다. 수능은 언제 시작하느냐가 절반을 결정한다. 2028체제에서 진짜 승자는 고1부터 차근차근, 끊김 없이 준비한 학생이다.

# 수능 경쟁력이 수시의 근간



2028학년도 입시에서 수시 비중이 늘고 정시가 40%에서 30%대로 축소된다고 하지만, 실제 정시 비중은 여전히 40%에 가깝다고 보는 것이 타당하다. 수시에서 수능최저를 충족하지 못해 정시로 이월되는 인원까지 고려하면, 정시는 여전히 상당한 규모를 유지하고 있기 때문이다. 결국 많은 학생은 수시와 정시, 나아가 학종과 수능을 동시에 준비해야 하는 이중 부담에서 탈피하기 힘들다는 말이다.

수능 상위권 학생들은 이러한 전형 비중 변화에 크게 동요하지 않는다. 이들은 애초에 의·치·한·약·수 등 최상위권 학과나 명문대 상향지원을 염두에 두고 전략을 세우기 때문이다. 수시라 하더라도 상위권 대학 대부분이 수능최저학력기준을 요구한다. 수도권 주요 의대의 경우 3개 영역 합 4, 높게는 4개 영역 합 5까지 요구하며, 일반 학종은 학생의 다양한 역량과 잠재력을 중시하는 전형이다. 그만큼 진로역량을 강조하다 보니, 조기에 진로를 정하고 이에 맞는 과목을 선택해 준비하지 않으면 어렵다는 인식도 강하다. 계열 적합 활동을 꾸준히 쌓아 학종을 준비하지만, 만약 학종에서 실패할 경우 선택지가 급격히 줄어드는 부담을 감수해야 한다는 점도 분명한 한계다.

## 수능 고득점자가 최대 수혜자

**개인의 학업능력뿐 아니라, 가정의 교육 투자 여력**

수능 경쟁력이 높은 지역에서는 선택지가 훨씬 다양하다. 명문대 합격률이 높고, 수능 상위 0.5% 내 학생들이 몰리는 의대의 경우 재수생 비율이 80%에 달한다.

정시 위주의 진학 구조를 가진 강남권 학교들이 수능 체제의 최대 수혜자가 되는 이유다. 그리고 정시는 수능 중심 전형으로, 다양한 문제를 반복적으로 접하며 훈련할수록 높은 점수를 받을 가능성이 커진다. 특히 4점짜리 고난도 문항을 정복하기 위해서는 사교육 환경에서의 반복 훈련이 유리하게 작용하는 것도 현실이다.

학업 수준이 높고 사교육 인프라가 잘 갖춰진 환경에 있는 학생들은 자연스럽게 수능 경쟁력에서 상위권을 형성한다. 다양한 학원 선택지와 맞춤형 지도를 통해 학습의 효율과 완성도를 높일 수 있기 때문이다. 이처럼 수능은 개인의 노력만으로 설명되기 어려운 측면을 지니며, 학습 시간과 콘텐츠의 질, 반복 훈련의 밀도는 상당 부분 경제적 여건에 의해 좌우된다. 사교육에 대한 투자 규모와 방식이 성적 격차로 이어지는 구조가 형성된 것이다.

이 때문에 수능은 개인의 학업능력뿐 아니라, 가정의 교육 투자 여력까지 반영하는 시험으로 인식되기도 한다. 이러한 현실 속에서 사교육비의 규모와 활용 방식이 상위권 진입의 중요한 변수가 되는 점은 부인하기 어렵다.

정시로 진학하는 학생들은 대체로 수능 적응력이 뛰어나다. 사고력을 측정하는 시험에서 높은 점수를 받은 학생들은 점수에 맞춰 학과나 전공을 유연하게 선택하기도 한다. 학업역량이 탄탄한 학생들은 유사 전공 내에서는 큰 어려움 없이 적응할 수 있으며, 최근에는 무전공제 지원으로 1학년 때 다양한 탐색을 거친 뒤 2학년 진급 시 전공을 정하는 흐름도 일반화되고 있다. 이로 인해 특정 전공에 지나치게 집착하기보다, 탐색과정 속에서 점차 진로를 구체화해 가는 방향이 자연스러운 전략으로 자리잡고 있다.

## 확고한 정시의 경쟁력

**◑ 학종은 학교별 평가방식에 좌우**

정시는 백분위와 표준점수를 기준으로 평가되기 때문에 상대적으로 안정적이고 예측이 가능하다. 반면 학종은 세특의 비중이 크고, 같은 활동을 했더라도 평가 결과가 달라질 수 있다. 교사에 따라 세특 기재의 충실도가 다르고, 학교별 평가방식에도 차이가 있다.

그래서 흔히 학종은 '어느 학교를 가고, 어느 교사를 만나느냐에 따라 달라진다'는 말이 나오는 것이다.

또한 내신을 성취평가(절대평가)로 반영하는 전형이 늘어나면서, 변별력이 낮아져 지원 가능 대학을 가늠하기가 더 어려워지고 있다.

반면 정시는 점수에 따라 지원 가능 대학과 학과가 비교적 명확하다.

고학년으로 올라가며 흥미와 적성에 맞는 새로운 진로가 생길 경우, 기존 학생부 기록과의 괴리가 부담이 될 수 있지만, 정시 경쟁력이 탄탄하다면 이러한 고민에서 비교적 자유로울 수 있다. 선택지가 넓어지기 때문이다.

## 수능 점수가 상위권일 때 입시에서의 강점

| | |
|---|---|
| 수시 최저학력기준 충족 | 수시에서 최저학력기준을 충족하면 실질경쟁률이 낮아지기에 낮은 내신에도 합격의 가능성이 높아짐 |
| 논술의 높은 가능성 | 논술실력은 수능과 상관관계가 높고 수능최저학력기준을 충족하면 합격의 가능성이 높아짐 |
| 새로운 진로탐색의 가능성 | 정시에서 학과에 관계없이 학과를 선택할 수 있으므로 새로운 진로를 개척할 수 있음 |

진로는 미래의 직업 전망과 개인의 경험에 따라 달라질 수 있다. 학년이 올라갈수록 다양한 교과와 경험을 통해 시야가 넓어지고 새로운 목표가 생길 수도 있다. 이러한 변화에 유연하게 대응할 수 있게 해주는 것이 바로 정시다.

수능 난도가 높아질수록 수능 상위권 학생들이 밀집한 지역 학생들이 상대적으로 유리해진다. 실제로 서울대 합격자 상위 30개교 중 절반은 특목·자사고가 차지하지만, 나머지 절반은 강남·서초 지역의 명문 일반고들이다. 수능 경쟁력이 높은 학생들은 논술에서도 강점을 보이며, 특히 수리논술은 수학 실력이 뛰어난 학생들의 합격 가능성이 높다.

이로 인해 수시에서 상향 지원으로 논술에 도전하는 전략도 가능해진다.

이른바 '아니면 말고' 식의 전략이 가능한 이유다. 학종으로 도전해 보고, 실패하더라도 수능 경쟁력을 바탕으로 정시에서 다시 선택할 수 있다는 자신감이 전제된다. 고교학점제 아래에서 학종의 비중이 커지고 있지만, 우수한 학교 프로그램을 활용해 학종을 준비하고, 동시에 수능 실력을 유지한다면 어느 경로를 택하든 성공적인 대학 진학의 가능성은 열려 있다.

# 고교학점제의 착각과 진짜 경쟁

4부

# 자유로운 선택의 제약



고교학점제는 학생이 자신의 흥미와 적성 그리고 장래 진로에 따라 과목을 자유롭게 선택하고 스스로 교육과정을 설계하도록 돕는 제도다.

'공부가 곧 진로와 연결되는 학교', '학생이 주도적으로 배움을 선택하는 학교'를 만들겠다는 목표는 듣기만 해도 미래 교육의 모습을 기대하게 한다.

그러나 제도가 막상 현장에서 본격적으로 시행된 첫해부터 기대와는 다른 장면들이 나타나고 있다.

정작 자유로운 선택이라는 가치가 여러 구조적 제약 속에서 제 힘을 발휘하지 못하며, 학생과 학부모 모두에게 새로운 혼란을 안기고 있는 것이다.

# 인기 과목 쏠림



가장 두드러진 현상은 특정 과목으로의 쏠림이다. 대표적으로 의학계열을 목표로 하는 학생들이 대거 생명과학으로 몰리면서 이 과목은 금세 정원이 차버린다. 문제는 이로 인해 원래 생명과학을 좋아하던 학생조차 선택을 주저하게 되는 상황이 벌어진다는 점이다.

'우수한 학생들이 너무 많아 내신 등급이 밀리면 어떡하지?'

'의대 희망자들과 경쟁하면 등급을 받기 어렵지 않을까?'

결국 좋아하는 과목을 선택하기보다 내신을 지키기 위해 좋아하는 과목을 회피하게 된다. 이는 학생의 진로 탐색을 돕기 위한 제도가 오히려 입시 전략적 의사결정을 강요하는 구조로 변질되고 있음을 보여준다.

특정 과목에 학생들이 몰리면 자연스럽게 다른 과목의 선택 인원이 줄어든다. 사회 · 인문 · 예술계열로 진학을 희망하는 학생들은 선택 인원 부족으로 원하는 과목이 아예 개설되지 않거나, 개설되더라도 최소 인원 미달로 폐강되는 사태가 벌어진다. 결국 원치 않는 과목을 대체 선택해야 하는 상황으로 내몰린다.

입시 관점에서 이는 매우 치명적이다. 학생의 진로 방향성을 입시에 맞춰 세분화해야 하는 시기에, 원하는 과목을 듣지 못하면 학생부 기록의 깊이와 일관성이 약해지기 때문이다.

즉, 학생이 원하는 과목을 자유롭게 선택하게 하는 제도는 인기 과목 중심으로 편중되고 그로 인해 전략적으로 회피하여 역설적으로 선택을 강요하는 제도로 뒤틀리고 있다.


## 인력 · 시설의 한계

**➡ 선택권 확대가 아니라 선택의 제한만 늘어나는 현실**

고교학점제의 이상은 학생에게 다양한 학업 경험을 제공하는 것이다. 그러나 학교가 가진 인력이나 시설 등의 자원은 그 이상을 뒷받침하기에는 턱없이 부족하다.

교사 수가 제한적이라 과목별 전문 교사 배치가 어렵고, 실험실 · 특수교실 등 교실 자원도 충분하지 않다. 학교는 결국 수요가 많은 과목 위주로 시간표를 꾸릴 수밖에 없는 구조가 된다. 이 과정에서 학생에게 돌아오는 것은 선택권의 확대가 아니라 선택권이 제한된다. 이런 현실 앞에서 학생과 학부모의 반응이 심상치 않은 것은 당연하다.

교육부는 부작용을 점진적으로 개선하겠다고 말하지만, 이미 현장의 목소리는 제법 명확하다. 교사 10명 중 8명이 고교학점제 시행에 반대하고 있는 이유가 여기에 있다. 현장의 부담이 그만큼 크고, 제도와 현실 사이의 차이가 너무 크기 때문이다.

## 입시전략적 측면에서 드러나는 문제점 3가지
#### ◑ 경쟁력이 크게 달라지는 부작용

①**과목 선택의 전략화** → 흥미보다 등급 방어가 우선

학생들은 좋아하는 과목을 선택하기보다 내신에서 덜 위험한 과목을 찾는 데 더 큰 신경을 쓴다. 이는 학생의 진로 탐색 기능을 약화시키고, 선택과목이 입시 주도형으로 변질되는 대표적 부작용이다.

②**학생부 기록의 깊이 감소** → 학교 내부의 운영의 한계

학생들은 자신의 흥미와 진로에 맞는 과목을 선택해 개인화된 교육을 받을 수 있다는 기대를 갖는다. 그러나 현실에서는 정반대의 상황이 더 자주 펼쳐진다.

"듣고 싶은 과목이 폐강됐어요."

"정원이 차서 선택할 수가 없어요."

"진로와 관련된 과목을 하나도 못 들었습니다."

이는 실제 학교 현장에서 학생들이 가장 많이 호소하는 문제

다. 원하는 과목이 폐강되거나 정원 제한으로 신청 불가하면, 학생은 자신의 진로와 연계된 과목을 꾸준히 듣기 어렵다. 그 결과 학생부에서 지속성과 일관성이 결여된다. 결국 진로적합성이 떨어져 입시 경쟁력이 약화된다.

1학년부터 꾸준히 전공과목 이수가 불가능해지면, 2, 3학년 때에 전공과 관련된 과목을 선택할 수 없어 지속성의 문제가 발생한다. 또한 학생의 진로 방향이 흔들리는 것처럼 보이면 일관성의 평가가 문제가 된다. 해당 학과에 대한 관심과 탐구가 제대로 기록되지 않으면 진로역량이 증명되지 않는다.

결국 학생은 하고 싶지 않은 과목에서 활동을 억지로 만들어야 하고, 세특도 자연스럽게 깊이가 떨어질 수밖에 없다. 대학은 학생부를 보며 이런 의문을 갖게 된다.

'왜 이 학생은 전공 관련 과목을 이수하지 않았지?'

'진로 방향이 분명하지 않은 것인가?'

그러나 실제 이유는 학생의 의지 문제가 아니라 학교 내부의 운영의 한계 때문이다.

③학교 간 선택과목 격차 → 입시 불평등 심화

규모가 큰 일반고나 특목고는 과목 선택 폭이 넓고, 중소규모 학교는 선택권이 제한적이다. 이는 자연스럽게 대학 입시 준비

환경의 격차로 이어지며, 결과적으로 학생의 노력보다 학교의 조건이 더 크게 작용하는 구조적 불평등을 만들어낸다.

결론적으로 제도를 고쳐야 자유로운 선택이 비로소 가능해진다. 고교학점제는 분명 매력적인 미래 교육 모델이다. 그러나 제도가 약속한 자유는 현장의 조건이 준비되지 않으면 실현될 수 없다.

지금의 고교학점제는 인력의 부족과 시설의 한계를 드러내고 있다. 또한 과목의 쏠림, 입시 부담 증가 등 이 모든 요인이 얽히며 자유로운 선택이 아니라 제한된 선택을 강요하는 제도로 작동하고 있다.

> 고교학점제는 학생 선택권을 보장하겠다는 취지로 시작되었지만, 현장에서는 학생들이 원하는 과목을 듣지 못해 불이익을 겪을 수 있다. 같은 성실함과 역량을 가진 학생이라도 '어떤 학교를 다니느냐'와 '원하는 과목이 개설되었는가'에 따라 입시에서의 경쟁력이 크게 달라지는 부작용이 나타난다.

진정한 의미의 학생 선택권은 학생이 원하는 과목을 원할 때 안전하게 선택할 수 있는 기반이 갖춰져야만 가능하다. 고교학점제가 그 약속을 지키기 위해서는 제도 보완과 현장 지원이라는 기본부터 다시 시작해야 한다.

# 좋아하는 과목의 현실적인 위험성



과목 선택 상담을 할 때 교사가 학생들에게 가장 흔히 하는 조언은 너무 원론적이다.

'네가 좋아하는 과목, 흥미 있는 과목을 선택해. 그래야 열심히 할 수 있어.'

듣기에는 맞는 말이다. 고교학점제의 도입 취지 역시 흥미와 진로 기반의 과목 선택이다.

하지만 입시 현실에서는 오히려 이 말이 위험한 조언이 될 수 있다. 좋아하는 과목을 선택한 학생이 오히려 진학에서 크게 불리해지는 사례가 될 수 있기 때문이다.

이것이 바로 고교학점제 시대의 역설이다. 제도는 자유로운 선택을 독려하지만, 입시는 선택의 자유보다 등급의 무게가 우선이기 때문이다.

물리를 좋아한 학생의 선택이 참담한 결과를 빚는 경우가 있다. 소위 등급 참사의 사례를 입시설명회에서 설명하곤 한다. 물리를 정말 좋아하는 학생들이 있는데 상위권 공대 진학을 노린 것도 아니고, 순수하게 탐구 활동과 실험을 즐겼다. 그래서 주저 없이 물리와 연관된 과목을 선택했다. 문제는 그 반에 모인 학생들의 면면이었다.

상위권 공대 지망 고득점자들이 대거 몰렸고, 평균적인 성적대가 일제히 상향되었다. 이 학생은 중상위권의 안정적 성취를 유지하던 학생이었지만, 이 반에서 등급은 4등급까지 떨어졌다.

이런 학생은 공학 관련 학과를 희망했음에도, 학생부 종합전형에서는 '전공 적합성은 좋지만 학업역량은 약하다'는 평가를 받을 수밖에 없다. 학업역량의 반영비율이 30%나 되었기에 낮은 평가는 치명적이다. 좋아하는 과목을 선택했지만, 좋아하는 과목이 이 학생의 진학 가능성을 직접적으로 떨어뜨린 셈이다. 과목 선택에서 흥미와 적성뿐만 아니라 리스크 관리의 문제를 등한시하면 일어날 수 있는 흔한 현상이다.

고교학점제 이후 내신 경쟁이 치열해지고 있다. 특히 특정 과목에 우수 학생들이 몰리면, 그 과목은 단번에 학살과목으로 변한다. 이 때문에 학생들은 어느 순간부터 이렇게 묻는다.

"제가 좋아하긴 하지만… 이 과목 경쟁자들은 너무 쎄요. 들어가도 될까요?"

"진로에는 맞지만, 등급 떨어지면 대학 못 가는 거 아닌가요?"

이 질문은 고교학점제의 취지와 달리, 현실에서는 흥미와 적성보다 입시 전략에 더 고민이 필요한 상황이 되었다.


## 전공 적합성보다 등급이 먼저 평가되는 냉정한 현실
#### 🢂 진로역량이 있다고 해도 학업역량 부족 판정

좋아하는 과목을 선택했다고 해서 그것만으로 전공 적합성이 보장되는 것은 아니다.

대학은 서류를 볼 때 다음 두 가지를 동시에 비교한다.

'전공과 관련된 과목을 선택했는가?'

'그 과목에서 성취를 얼마나 냈는가?'

즉 진로와 관련된 과목을 듣는 것과 더불어 더 중요한 것은 그 과목을 잘했느냐다. 진로역량은 선택에서 시작되지만, 등급으로 최종 평가된다.

따라서 진로에 맞는 과목을 선택했지만 3~4등급의 학생과, 진로와는 덜 맞지만 다른 과목에서는 1~2등급을 비교해 볼 때 입시에서는 후자가 더 높게 평가되는 경우가 많다. 진로역량이 있다고 해도 학업역량 부족 판정이 나오기 때문이다.

자연계열 진학을 희망하는 학생이라면 물리, 화학, 생명과학II에 해당하는 세포와 물질대사 과목까지 이수하는 것이 입시에서보다 유리하다. 화학과 생명과학만을 선택할 경우 대입에서 선택할 수 있는 전공의 폭이 제한될 수 있기 때문이다. 특히 의대나 약대를 목표로 하는 최상위권 학생이라면, 물리II에 해당하는 역학과 에너지 과목까지 수강하는 전략이 학업역량을 보여주는 데 도움이 된다.

최근 대학의 평가 흐름을 보면, 진로역량은 점차 교과탐구역량 중심으로 이동하고 있다. 즉 교과서에서 배운 내용을 바탕으로, 그 안에서 생긴 호기심을 교과서 밖의 자료와 탐구로 확장해 나가는 태도를 가진 학생을 대학은 높이 평가한다. 단순한 과목 선택보다, 과목 이수 이후 어떤 깊이의 탐구가 이어졌는가가 입시에서 중요한 판단 기준이 되고 있다.

## 교과 과목 구성

| | 공통과목 | 선택과목 | | |
| --- | --- | --- | --- | --- |
| | | 일반선택 | 진로선택 | 융합선택 |
| 국어 | 공통국어1<br>공통국어2 | 화법과 언어,<br>독서와 작문,<br>문학 | 주제 탐구 독서,<br>문학과 영상,<br>직무 의사소통 | 독서 토론과 글쓰기,<br>매체 의사소통,<br>언어생활 탐구 |
| 수학 | 공통수학1<br>공통수학2<br>기본수학1<br>공통수학2 | 대수, 미적분 I,<br>확률과 통계 | 기하, 미적분II,<br>경제수학,<br>인공지능 수학 ·<br>직무수학 | 수학과 문화,<br>실용통계,<br>수학과제 탐구 |

| | 공통과목 | 선택과목 | | |
| --- | --- | --- | --- | --- |
| | | 일반선택 | 진로선택 | 융합선택 |
| 영어 | 공통영어1<br>공통영어2<br>기본영어1<br>기본영어2 | 영어 I, 영어 II,<br>영어독해와 작문 | 영미문학읽기,<br>영어발표와 토론,<br>심화영어, 직무영어,<br>독해와 작문 | 실생활 영어회화,<br>미디어 영어,<br>세계문화와 영어 |
| 사회<br>(역사/<br>도덕<br>포함) | 한국사1<br>한국사2<br>통합사회1<br>통합사회2 | 세계시민과 지리,<br>세계사,<br>사회와 문화,<br>현대사회와 윤리 | 한국지리탐구,<br>도시의 미래탐구,<br>동아시아역사 기행,<br>정치, 법과사회, 경제,<br>윤리와 사항,<br>인문학과 윤리,<br>국제관계의 이해 | 여행지리,<br>역사로 탐구하는 현대<br>세계, 사회문제 탐구,<br>금융과 경제생활,<br>윤리문제탐구,<br>기후변화와 지속가능<br>한 세계 |
| 과학 | 통합과학1<br>통합과학2<br>과학탐구<br>실험1,<br>과학탐구<br>실험2 | 물리학, 화학,<br>생명과학,<br>지구과학 | 역학과 에너지,<br>전자기와 양자,<br>물질과 에너지,<br>화학반응의 세계,<br>세포와 물질대사,<br>생물의 유전,<br>지구시스템과학,<br>행성우주과학 | 과학의 역사와 문학,<br>기후변화와 환경생태,<br>융합과학탐구 |

좋아하는 과목을 선택하라는 말이 위험한 시대가 되었다. 고교학점제의 이상은 훌륭하다. 그러나 현재의 평가 구조에서는 다음과 같은 접근이 더 현실적이다. 좋아하는 과목을 선택할지보다 그 과목에서 고득점을 받을 수 있는지가 더 중요하다.

즉, 과목 선택은 흥미가 아니라 리스크 관리 전략이다. 학생이 진로에 꼭 필요한 과목이라면 진입해야 한다. 하지만 그 과목이 우수 학생이 몰리는 고난도 과목이라면, 그 선택은 진로 적합성을 강화하는 동시에 등급 붕괴 리스크도 동시에 갖는다.



입시 전략은 이 두 가지 리스크의 균형을 조절하는 과정이다. 그렇기에 좋아하는 과목을 선택하되, 전략 없이 선택해서는 안 된다. 좋아하는 과목을 선택할 수 있다. 그러나 그 선택이 입시에서 어떤 결과로 이어질지 반드시 고려해야 한다.

이러한 질문에 대한 고려 없이 좋아하니까 선택하라는 말은 고교학점제 시대에는 더이상 안전한 조언이 아니다. 학생에게 필요한 것은 자유로운 선택이 아니라, 현실을 이해하는 선택 전략이다.

# 선택과목이 수능 대비용(?)



2028학년도 수능은 고등학교 1학년 공통과정에서만 출제된다. 표면적으로는 학생 부담을 줄이는 개편처럼 보인다. 하지만 교육과정을 조금만 들여다보면 이 구조가 학교에 감당하기 힘든 상황을 만들어낸다는 사실이 명확하게 드러난다.

고1에서 수능 범위가 끝난다는 말은 다르게 표현하면 고2, 고3 동안 학교 수업이 수능과 분리된다는 의미다. 문제는 이 수능 공백기를 학교도, 학생도, 학부모도 사실상 버티지 못한다는 데 있다.

그 결과 현장에서는 아직 제도가 시행되기도 전에 이미 예상되는 풍경이 하나 있다.

'학교가 2·3학년 정규 수업 시간에 일반선택·진로선택 과목을 활용해 사실상 수능 수업을 하게 될 것이다.'

이것이 바로 2028체제가 만들어낸 가장 큰 구조적 모순이다.

| 교과<br>(군) | 공통과목 | 선택과목 | | |
| --- | --- | --- | --- | --- |
| | | 일반선택 | 진로선택 | 융합선택 |
| 국어 | 공통국어1<br>공통국어2 | 화법과 언어,<br>독서와 작문,<br>문학 | 주제 탐구 독서,<br>문학과 영상,<br>직무 의사소통 | 독서 토론과 글쓰기,<br>매체 의사소통,<br>언어생활 탐구 |
| 수학 | 공통수학1<br>공통수학2<br>기본수학1<br>기본수학2 | 대수, 미적분Ⅰ,<br>확률과 통계 | 기하, 미적분Ⅱ,<br>경제수학,<br>인공지능 수학,<br>직무수학 | 수학과 문화,<br>실용 통계,<br>수학과제 탐구 |
| 영어 | 공통영어1<br>공통영어2<br>기본영어1<br>기본영어2 | 영어1, 영어2,<br>영어 독해와<br>작문 | 영미 문학 읽기,<br>영어 발표와 토론,<br>심화영어,<br>심화영어 독해와 작문,<br>직무영어 | 실생활 영어 회화,<br>미디어 영어,<br>세계 문화와 영어 |

# 분리를 말하지만 현장은 결합을 요구한다

**◗ 학교에 상당한 압박으로 작용**

고교학점제에서 내신은 학교 수업, 수행 중심으로 운영되고, 수능은 고1 범위 중심이 된다. 학생의 진로 중심으로 이루어져야 한다는 취지로, 세 영역을 완전히 분리해 과정 중심 교육이 이루어질 것이라는 기대를 담고 있다.

그러나 실제 학교는 고민하지 않을 수 없다.

"수능 공백 2년을 어떻게 버티라는 겁니까?"

“고3 때 수능을 외부에서만 준비하게 방치할 수 없습니다.”

고등학교 현실에서는 수능과 내신, 교육과정이 분리될 수 없다. 왜냐면 학생의 진학 성패가 이 세 영역이 함께 움직일 때 만들어지기 때문이다.

학부모의 대입 실적에 대한 요구와 기대는 학교에 상당한 압박으로 작용한다. 여기에 학생들의 성취도를 관리해야 하기에, 진학 결과에 대한 책임에서 결코 자유롭지 못하다. 그리고 학교 차원의 입시 실적 관리까지 더해지면, 학교는 제도에서 말하는 분리의 이상보다 현실적인 결합의 선택을 할 수밖에 없다.

## 고2 · 고3의 일반선택 과목이 수능 대비 시간으로 변질된다

흐름을 막을 공식적인 장치는 없다

2028학년도 교육과정의 일반선택 과목 중 특히 수학은 대수, 미적분Ⅰ, 확률과 통계로 구성된다. 이 과목들은 분명 교육과정상 고등학교 기본수학의 영역일 뿐이다. 하지만 현장에서 이 과목들이 정상적으로 운영될 가능성은 매우 낮다.

수학 수능 고난도 문항 대비가 필요하다. 학생 · 학부모는 이를 요구하며 학교는 '수능 성과'를 만들어야 하고 고1 수능 범위는 이미 잊 이미 여러 학교에서 이런 반응이 나온다.

'대수는 어차피 기초니까 빨리 끝내고 남은 시간에 수능 스타일 문제 풀자.'

'미적분 I 을 활용해 수능 고난도 유형을 가르쳐야 한다.'

이런 흐름을 막을 공식적인 장치는 없다. 오히려 교육과정의 구조 자체가 학교를 이렇게 밀어붙이고 있다.


## 영어도 예외가 아니다

❯ 일반선택 · 진로선택이 '수능 듣기 · 독해 시간'으로 변질

영어 교육과정은 선택과목이 다양하지만, 수능과 완전히 분리하기 어렵다. 영어 회화, 영어독해와 작문, 심화 영어, 미디어 영어 이런 과목들이 실제로는 수능 독해 · 듣기 대비 시간을 확보하는 창구가 되기 쉽다.

이미 많은 학교에서 이렇게 말한다.

"회화는 듣기평가 중심으로 가면되고 우리는 독해 중심으로

가겠습니다.”

“미디어 영어는 지문 분석에 최적화된 과목입니다.”

결국 영어 수업도 제도가 아무리 과정 중심이라고 외쳐도 실제 운영은 수능 중심으로 돌아갈 수밖에 없다.


## 진로선택 과목 ‘미적분Ⅱ’는 이미 파행 운영을 예고
### ◆ 파행 수능 교육이 발생하는 이유는 단순

진로선택 과목 중 가장 논란이 되는 것이 바로 미적분Ⅱ다. 원래 취지는 수학에 관심 있는 학생, 이과 진학 예정 학생, 전공 특성에 필요한 학생에게 심화 기회를 주겠다는 것이었다.

그러나 현실적으로 미적분Ⅱ는 사실상 고난도 수능 특강으로 변질되지 않을 수 없다. 이 과목을 선택해야 상위권 대학 이공계나 의학계열의 권장이수 과목 대비가 가능하기 때문이다.

문제는 미적분Ⅱ는 내신 반영이 어렵다는 점이다. 난도가 높아서 성취도 격차가 폭증할 것이고, 교사별 평가 난이도 조정이 어려워서 일반고에서 개설이 쉽지 않을 수도 있다. 학교별 편차가 심해 공정성 논란도 불가피해진다. 그렇기에 평가체계가 확정될 때까지 주목해야 한다.

결과적으로 학생을 위한 선택과목이 아니라 입시용 과목으로 변질되며 교육과정이 또 다시 파행으로 흐르게 된다. 학교의 파행 수능 교육이 발생하는 이유는 단순하다. 수능과 내신, 교육과정이 분리될 수 없기 때문이다. 교육부는 세 축을 분리해 수업 중심, 과정 중심 교육을 만들겠다고 했지만, 입시는 구조적으로 세 축이 결합될 수밖에 없다.

내신의 변별력이 떨어지고, 그래서 수능 성적이 진학에서 결정적 요소가 되고, 선택과목은 진로역량과 직결되는 상황에서 학교는 진학 성과를 의식할 수밖에 없다. 따라서 학교는 결국 공식과 비공식, 둘 다 수능 중심으로 회귀하게 된다.

이 흐름은 심리적 압박 때문이 아니라 구조적 필연성에서 나온다. 2028체제의 가장 큰 실패는 설계가 아니라 입시 현실을 등한시한 것이다.

# 심도 있는 탐구역량이 합격을 결정



입시에서는 학생 간 역량의 격차가 더욱 선명하게 드러난다. 고교학점제를 도입하고, 내신 5등급제를 도입하면서 부담을 완화한다는 표면적 메시지와는 다른 모습이다. 특히 상위권 대학이 강조하는 평가 기준은 한 가지 공통점을 갖는다.

학업의 깊이, 탐구의 지속성 그리고 진로와의 일관성이다. 이 세 요소가 뚜렷이 드러나지 않으면, 상위권 대학의 학종에서는 결코 유리한 평가를 기대하기 어렵다.

## 기본과목 이수에서 출발하는 '탐구의 위계'

### 기초가 취약하면 심화에서 무너짐

학종 준비의 시작점은 단순히 많은 활동을 하는 데 있지 않다.

합격의 관건은 자신이 선택한 진로와 관련된 과목을 위계적으로 이수하면서, 그 과목에서 뛰어난 학업 성취와 탐구의 흔적을 남기는 것이다.

특히 자연계열 학생이 생물과 유전을 이수하기 전에 생명과학을 이수해야 한다는 것은 명확한 위계이다. 대학은 이러한 위계적인 이수를 통해 학생의 진로 방향성과 학업역량을 확인한다. 물리학도 이해가 부족한데 역학과 에너지에서 높은 수준의 실험 분석과 탐구를 수행하기는 어렵다. 즉 기초가 취약하면 심화에서 무너지고, 심화에서 무너지면 학종 경쟁력은 사실상 사라진다.

## 상대평가가 유지되는 한, 기본 실력은 절대 조건

**지적 성장 곡선도 무시 못해**

5등급제로 바뀌어도 경쟁은 그대로이며, 상위권에서는 오히려 더 치열한 경쟁이 필수적이다. 1학년 성적이 저조하면 학생은 기초 학업이 결여되고, 이는 2~3학년 선택과목의 성취도에도 연쇄적으로 영향을 미친다.

기초 문해력이 부족하면 국어뿐 아니라 영어의 지문을 이해하는 데 상위권 대학이 여전히 관심을 갖는 것은 지적 성장 곡선이다. 3년간의 성적 추세가 하락하면 학업역량에 있어서 좋은 평가를 받을 수 없다.

따라서 1학년의 기초 학업 완성도는 학종의 출발점이 아니라, 합격 가능성을 좌우하는 핵심 기반이라 할 수 있다.

## 학업역량은 심도 있는 탐구에서 증명된다

🔵 **진로와 연결된 탐구의 흔적**

단순히 열심히 했다는 사실만으로는 상위권 대학을 설득할 수 없다. 대학이 확인하고자 하는 것은 학생이 스스로 학습을 깊이 있게 확장해 나가는가이다.

여기서 중요한 요소는 다음과 같다.

즉 배웠다는 자체가 중요한 것이 아니라, 그래서 어떻게 탐구하고 발전시켰는가가 중요한 평가요소가 된다. 상위 대학이 다음과 같이 공개한 학종의 핵심 평가 기준이 통하여 그 의도를 판단할 수 있다.

학생부 종합전형 핵심 평가기준

| 대학 | 서울대 | 고려대 | 성균관대 |
| --- | --- | --- | --- |
| 평가요소 | *습득한 지식의 활용<br>*문제해결능력<br>*호기심과 도전적 태도<br>*폭넓은 시야와 경험 | *문제해결능력<br>*창의성<br>*자기계발역량 | *탐구력과 실험정신<br>*지적 호기심<br>*다양한 영역의 지식과 소양<br>*관심분야의 확장된 경험<br>*학업관련 탐구활동 실적 |

앞의 표에서도 인식할 수 있듯이 진로와 맞닿은 탐구 활동의 깊이와 확장성을 가장 중시한다. 이 기준들은 서로 표현은 다르지만, 결론은 같다.

'깊이 있고 자발적이며, 진로와 연결된 탐구의 흔적을 꼭 보여라.'

## 탐구는 결과를 만들어낼 때 의미가 생긴다

🔵 **승부는 심도 있는 탐구에서 결정**

토론과 발표, 실험과 결과 보고서 그리고 독서와 연구 활동을 통하여, 대학은 그 과정보다 결과물이 무엇을 증명하는지에 주목한다.

> ①스스로 세운 질문이 있었는가?
>
> ②그 질문에 접근하는 과정에서 새로운 시각을 얻었는가?
>
> ③자료 분석, 실험 설계, 글쓰기 등 구체적 결과물이 존재하는가?
>
> ④활동이 진로와 연결되어 학업적 정체성을 형성했는가?

결국 결론적으로 학업역량과 진로역량 그리고 자기주도성을 종합적으로 드러내는 장치다. 열심히 하는 것보다 잘하는 것이 중요하다. 입시의 본질은 변하지 않는다.

대학이 원하는 학생은 열심히 한 학생이 아니라, 높은 수준의 성취를 만들어낸 학생이다.



학생부 종합전형에서 승부를 가르는 단 하나의 기준은 얼마나 많이 했는가가 아니라 얼마나 깊이 있게 했는가이다. 2028 학종은 표면적으로는 간소화된 전형처럼 보이지만, 실제 평가의 본질은 더욱 정교해졌다.

기초 학업역량을 바탕으로 진로와 연결된 심화탐구를 지속하며, 그 결과를 풍부하게 기록하는 학생만이 상위권 대학에서 주목받을 수 있다. 학종의 시대, 승부는 심도 있는 탐구에서 결정된다.

# '비교과의 상향 평준화' 속에서 살아남는 법

—나만의 학업 서사가 승리

선택형 교육과정과 내신 5등급제의 도입은 선택과목의 단순화와 학업 부담 완화를 표방한다. 그러나 실제 입시 현장에서는 정반대의 변화가 진행되고 있다. 선택과목 구조는 단순해졌지만, 학생 간 역량 평가의 방식은 오히려 더 촘촘해지고, 경쟁은 더 입체적으로 재편되고 있다. 특히 비교과 활동의 상향 평준화는 2028 대입의 새로운 판도를 결정짓는 핵심 요인이다.

## 비교과의 '상향 평준화'

▶ 평범한 활동으로는 더이상 경쟁이 되지 않는다

고교학점제가 정착되며 상위권 학생들의 비교과 활동은 어느 정도 공통 패턴을 보인다. 보고서 작성, 토론·발표, 팀 프로젝트, 주제탐구 등 이 네 가지 틀 안에서 대부분의 학생들이 비슷한 수준의 경험을 쌓는다. 이제 이러한 활동은 '기본값'이 되어버렸다. 문제는 모두가 비슷하다는 점이다.

이 상황에서 대학은 다음 세 가지를 집중적으로 본다.

활동의 깊이가 중요한데 단순한 정보 정리가 아니라, 개념을 적용하고 문제를 재해석하는 능력을 살펴본다. 또한 탐구활동에서도 한 번의 프로젝트가 아니라, 독서·동아리·진로활동이 2, 3학년까지 이어지는 탐구의 지속성이 중시된다.

기록의 인과관계도 간과할 수 없다.

'왜→무엇을→어떻게→무엇을 알게 되었는가'가 명확한 학업 서사를 보여주어야 한다. 즉, 2028학년도 대입에서 비교과는 양이 아니라 명확한 학업 서사의 완성도, 활동의 깊이가 경쟁력을 만든다.

고등학교 수업에서는 이제 단순한 결과(점수)만으로 학생을 평가하지 않는다. 수업 참여하여 활발한 질문과 토론이 바탕이 되고, 탐구와 이후 보고서 작성 등 학습의 전 과정이 기록으로 남는다. 그만큼 학생들은 매시간 수업에 몰입하고, 적극적으로 참여하는 태도가 과거보다 훨씬 더 중요해졌다.

특히 수행평가와 프로젝트 활동에서는 깊이 있는 탐구력, 논리적인 발표, 협력적 문제 해결 능력이 요구된다. 이러한 역량은 단순히 학교 내 활동에서만 의미 있는 것이 아니라, 대학이 강조하는 교과 역량 평가와도 직접적으로 연결된다.

또한 학교가 제공하는 다양한 프로그램—탐구 활동, 비교과 프로젝트, 주제 발표, 학술 동아리 등—에 주체적으로 참여하며 시야를 넓혀 가는 학생들의 모습은 과거의 지필 중심의 평가에서는 보기 어려웠던 긍정적 변화라 할 수 있다.

결국 새로운 교육환경에서 중요한 것은 단순한 성적이 아니라, 학습 과정 속에서 얼마나 적극적으로 사고하고 탐구하며 성장했느냐가 중요포인트이다.

## 진로선택과목,
## 누구나 비슷해지는 선택 속에서 드러나는 차이

### ▶ 권장과목 이수는 매우 중요

의대 희망생은 세포와 물질대사, 생물의 유전 같은 과거의 생명과학Ⅱ와 같은 과목, 공대 희망생은 역학과 에너지, 전자기와 양자 같은 과거의 물리학Ⅱ, 사회계열은 정치·법을 선택하게 된다. 특정 계열 학생들이 선택하는 과목은 이미 너무 명확하고, 그 흐름은 거의 일정하다.

대학이 지정한 권장과목 이수는 매우 중요하다. 서울대, 동국대, 고려대, 경희대 등 대학들이 제시한 권장 이수 과목을 주의 깊게 본 후 과목을 선택해야 한다. 내신 등급 관리가 어렵다고 피하는 것은 도움이 되지 않는다. 같은 맥락에서 인문계열도 전공에 따라 과학 이수가 필요하다. 심리학과를 지망한다면 생명과학을 지리학과는 지구과학을 듣는 게 좋다. 정시에서도 선택과목 이수를 충족하지 못해 최종 탈락하는 게 현실이 될 수 있음을 명심해야 한다.

더불어 대학은 무엇을 선택했는가를 보는 것이 아니라 왜 선택했고, 그 선택이 어떤 학업 성장을 보여주었는가에 관심을 집중한다. 구체적으로는 다음 요소들이 평가 포인트가 된다.

### ▷ 질문의 수준

해당 과목을 공부하며 어떤 문제의식을 가졌는가?

개념을 단순 외운 것이 아니라, 스스로 질문을 만들어냈는가?

### ▷ 확장·심화의 흔적

수업에서 배운 개념이, 보고서로, 실험 설계로, 논문 요약으로, 프로젝트 탐구로, 독서 연계로 이어졌가?

### ▷ 수업 밖에서의 변화

선택과목을 통해 진로선택이 더 선명해졌는가?

탐구의 방향이 달라졌는가?

교과 지식과 진로가 자연스럽게 연결되는 흐름이 있는가?

결국, 선택 이후의 탐색 과정이 그 학생의 학업 수월성을 증명한다.

## 경쟁력을 결정하는 것은 심화 활동의 질과 구조
### 어느 정도까지 심도 있게 들어갔는가 중요

비교과가 상향 평준화되면 상위권 학생들이 경쟁하는 영역은 자연스럽게 활동의 깊이로 이동한다. 2028 입시에서 대학이 보고 싶은 것은 이 학생이 어느 정도까지 심도 있게 들어갔는가이다. 예를 들어 세포와 물질대사를 공부했다면 다음과 같은 심화 흐름이 나타나야 높은 평가를 받을 수 있다.

특정 단원을 기반으로 한 구체적 질문 제기

직접 설계한 간단한 실험이나 모형 연구

교과서 확장을 위한 자료나 논문 활용

탐구 결과를 정리한 보고서 또는 발표

동일 주제를 다른 과목(예: 화학, 통계, 사회문제)과 연결한 융합적 시선

이러한 일련의 활동들이 쌓이면 한 줄 기록이 아니라 한 페이지의 과정이 된다.

대학은 바로 이 페이지 단위의 스토리를 높은 평가 요소로 삼는다.

## 세특의 완성도



2028 대입에서 세부능력 특기사항은 단순한 수업기록이 아니다. 세특은 대학이 학생의 사고력과 학업역량을 직접 확인할 수 있는 정밀한 증거자료이다. 대학은 세특에서 다음 세 가지를 중점적으로 평가한다.

### ✔개념 이해의 수준

단순 정리가 아니라 개념 간 연결, 적용, 재해석이 나타나는가?

### ✔탐구의 논리적 전개

질문→탐색→분석→결론의 흐름이 분명한가?

### ✔지속성 · 주도성

교사의 지시에 따른 활동인지, 스스로 탐구를 확장해 나간 주체적 학습인지를 살펴본다.

2028 대입의 본질은 과정의 차별화이다. 앞으로의 입시는, 비슷한 비교과, 비슷한 선택과목, 비슷한 성적을 가진 학생들이 대거 등장할 것이다. 이때 대학은 이렇게 묻는다.

'누가 더 깊이 들어갔는가?'

'누가 더 자기 방식으로 생각하고 탐구했는가?'

2028 대입은 결과의 경쟁이 아니라 과정의 경쟁이다. 누구나 할 수 있는 활동 속에서 나만의 질문, 나만의 탐구 흐름, 나만의 학업 서사를 만들어내는 학생이 상위권에서 승리한다. 즉, 2028 대입의 핵심 전략은 평범한 활동을 남다르게 전환하는 학업적 깊이라고 볼 수 있다.

# 교사 72%가 반대하는 모순적인 제도



역대 정부는 정권 출범과 함께 교육 분야에서 분명한 성과를 남겨야 한다는 부담 속에서 새로운 교육정책을 전면에 내세워 왔다. 노무현 정부의 로스쿨과 수능 등급제, 이명박 정부의 자율형사립고와 마이스터고, 박근혜 정부의 자유학기제는 그러한 흐름 속에서 등장한 대표적인 정책들이다. 그리고 고교학점제는 문재인 정부가 추진한 핵심 교육정책이다.

문제는 이러한 정책들 가운데 상당수가 충분한 검증을 거치지 못한 채 시행되었고, 그중 일부는 1~2년 만에 폐기되었다는 점이다. 대표적인 사례가 수능 등급제다. 내신 부풀리기를 막고 평가의 신뢰도를 높이겠다는 취지로 도입되었지만, 변별력 저하로 인해 대학들이 본고사를 검토하는 등 혼란이 발생했고 결국 1년 만에 폐지되었다. 정책의 취지와 현실 사이의 괴리가 만들어낸 결과였다.

고교학점제 역시 이러한 전철을 밟지 않을 수 있을지에 대한 우려가 크다. 진로와 연계된 과목을 선택해 듣고 스스로 진로를 설계하도록 돕겠다는 취지는 공감할 만하지만, 이를 뒷받침할 입시제도 개편에 대한 진지한 논의나 교사 양성에 대한 실질적인 준비가 충분했는지에 대해서는 의문이 제기된다.

그럼에도 불구하고 2025년부터 전면 시행을 못 박은 추진 방식은 과거 단기간에 폐기된 정책들과 닮아있다는 지적을 피하기 어렵다. 더욱이 이러한 변화가 대학입시와 밀접하게 연결되어 있음에도, 대학과의 충분한 협의 과정이 보이지 않는다는 점도 불안을 키운다.

### 역대 정부의 교육정책

| 정부 | 노무현 | 이명박 | 박근혜 | 문재인 |
|---|---|---|---|---|
| 교육정책 | 로스쿨<br>수능등급제 | 자사고<br>마이스터고 | 자유학기제 | 고교학점제 |

어떤 교육제도이든 성공적으로 정착되기 위해서는 교사들이 정책의 주체로서 공감하고 참여해야 한다. 그러나 교사들이 정책을 신뢰하지 못한 채 과도한 부담과 불안 속에서 수행해야 하는 상황이라면, 제도의 안착은 쉽지 않다. 고교학점제를 둘러싼

교사 사회의 반응이 바로 이를 보여준다.

## 교사 자격증이 존재하지 않는 과목
**◐ 외부 전문가를 무자격 교사로 채용**

교원단체가 실시한 설문조사에서는 교사의 약 70%가 고교학점제 전면 도입에 반대 의사를 밝혔다.

도입 취지에는 일정 부분 공감하지만, 실제 학교 현장에서 그 취지가 제대로 구현될 수 있는지에 대해서는 비판적인 시각이 우세한 것이다. 반면 교육과정평가원의 조사에서는 찬성이 80%에 달하는데, 이는 설문 문항이 '도입 취지에 공감하는가'로 설정되었기 때문이다. 질문 방식이 다른 만큼, 두 조사 결과를 단순 비교하는 것은 적절하지 않으며 이 지점은 분명히 짚고 넘어갈 필요가 있다.

| 조사기관 | 설문 문항 | 찬반비율 |
| --- | --- | --- |
| 교육과정평가원 | 고교학점제 도입취지에 공감하는가 | 찬성 80% |
| 교원단체 | 고교학점제 전면도입에 찬성하는가 | 반대 70% |

교사들의 반대에는 여러 현실적 이유가 복합적으로 얽혀 있

다. 예를 들어 학교 연합형·지역 연계형 과목 운영은 인근 학교를 오가며 수업을 들어야 하는 구조인데, 학생 안전과 생활지도 측면에서 현실성이 떨어진다는 지적이 많다. 또한 입시제도 개편 없이 과목 선택의 자유만 확대하는 방식은, 오히려 고교학점제의 취지를 훼손할 수 있다는 우려도 크다.

수능이 여전히 상대평가 체제로 유지되는 상황에서 학생들은 결국 수능에 유리한 과목을 선택할 수밖에 없고, 이는 과목 선택의 자유를 형식적인 것으로 만들 가능성이 높다.

교사들 사이에서는 수능이 폐지되거나 최소한 자격고사화되지 않는 한, 과목 선택에 따른 유불리를 근본적으로 해소하기 어렵다는 인식이 공유되고 있다.

교사 수급 문제 역시 핵심적인 반대 요인이다. 다양한 과목 개설이 전제되는 고교학점제에서는 이를 가르칠 전문 교사 확보가 필수적이지만, 교사 자격증이 존재하지 않는 과목이 다수인 현실에서 뚜렷한 대안은 보이지 않는다. 외부 전문가를 무자격 교사로 채용하는 방식은 임시방편에 불과하며, 교육의 질 저하로 이어질 수 있다는 우려가 크다.

일부에서는 8만에서 10만 명에 달하는 추가 교사가 필요할 것이라는 전망도 나오지만, 이에 대한 구체적인 로드맵은 제시되지 않고 있다.



어떤 제도든 안착에는 시간이 필요하다. 그 과정에서 교육의 질 저하, 교육 격차 확대, 행정 업무 증가로 인한 교육력 약화가 이미 현장에서 발생하고 있다. 취지가 좋다는 이유만으로 이러한 위험을 간과하는 태도는 또 다른 혼란을 낳을 뿐이다. 더이상 학부모와 학생이 충분히 검증되지 않은 정책의 실험 대상이 되어서는 안 될 것이다.

# 대학은 무엇을 보고 학생을 판단

## 5부

# 대학은 학생의 학업역량을 어떻게 판단하는가



## 입학사정관의 눈으로 본 학종 평가의 핵심

### ▸ 전공과의 연결성

학생부 종합전형이 아무리 변화해도, 대학의 근본 판단 기준은 단 하나다.

'이 학생이 대학에서 학업을 감당할 수 있는가?'에 집중된다.

즉, 학종의 중심에는 언제나 학업역량이 있다. 이 학업역량은 단순히 내신이 좋은가로 평가되지 않는다. 대학은 학생부 곳곳에 남아 있는 학습의 흔적, 성장의 흐름, 전공과의 연결성을 세밀하게 분석한다.

대학이 실제로 학업역량을 판단할 때 살펴보는 기준은 크게 세 가지다.

① **학업성취도**

② **학업태도**

③ **탐구력**


대학이 실제로 어떻게 평가하는지, 입학사정관의 시각에서 풀어낸 입시 현장의 평가 구조는 다음과 같이 설명된다.


① **학업성취도** — 단순 등급이 아니라 기초학력과 전공과 연계된 성장

대학이 가장 먼저 확인하는 것은 기초학력이다. 국어 · 수학 · 영어 · 사회/과학 성취는 대학 수학의 기본이 되기 때문에 여전히 중심에 놓인다.

그러나 대학이 보는 방식은 예전과 다르다. 등급 하나로 판단하지 않는다. 원점수, 평균, 이수자 수까지 함께 보며 실제 경쟁 상황과 성적의 질을 분석한다.

더 중요한 것은 성적의 변화 방향이다.

학년이 올라갈수록 성취수준이 높아지거나, 진로와 관련된 과목에서 일관된 발전이 보인다면 대학은 이를 학업역량의 핵심 증거로 받아들인다.

또한 특정 과목만 잘하거나, 비교과 교과를 지나치게 소홀히 한 학생은 높은 평가를 받기 어렵다.

예술 · 체육, 기술가정/정보, 제2외국어 · 한문 등은 대학이

판단하는 기초 소양의 지표다. 균형 잡힌 교과 이수는 예전보다
더 중요해졌다.

### ② **학업태도 —** 왜 공부하는가가 드러나야 한다

다음으로 대학이 보는 것은 학업에 임하는 태도와 의지다. 이는
세부능력 특기사항, 수행평가, 창의적 체험활동에서 매우 선명
하게 드러난다. 사정관은 다음과 같은 질문으로 지원자를 평가
한다.

### 학업역량 평가 체크리스트

①스스로 질문을 만들었는가?

②수업 내용을 넘어서 확장하려는 노력이 있는가?

③발표나 토론 과정에서 근거를 검증하며 참여했는가?

④과제 수행에서 깊이 있는 사고가 나타나는가?

⑤문제의식을 갖고 탐색이 독서로 이어졌는가

이러한 태도는 성취동기와 목표의식을 반영하는 핵심 증거
다. 특히 독서 기록은 여전히 강력한 평가 자료다. 학생이 관심
분야에서 어떤 문제의식을 갖고 탐색했는지, 그 과정이 수업·
탐구로 이어졌는지가 대학이 보는 포인트다.

독서 기록은 형식이 바뀌었을 뿐, 여전히 강력한 평가 자료다. 대학이 관심을 갖는 것은 학생이 어떤 문제의식을 가지고 관심 분야를 탐색했는지, 그리고 그 탐색이 수업과 탐구 활동으로 어떻게 확장되었는지다.

명백한 오해 중의 하나가 독서 기록 항목이 사라졌다고 해서 독서를 하지 않아도 된다는 것이다. 대학은 세부능력 특기사항, 동아리 활동, 창의적 체험활동 기록을 통해 수업에서 촉발된 지적 호기심이 독서로 이어지고, 다시 탐구로 연결되는 과정을 면밀히 살핀다. 결국 독서는 학업태도와 사고의 깊이를 드러내는 핵심 증거로 여전히 작동하고 있다.

### ③ 탐구력 — 대학이 가장 민감하게 보는 영역

상위권 대학의 학종 평가에서 가장 강하게 보는 항목은 사실 탐구력이다.

지적 호기심을 바탕으로 지식을 확장하고, 교과 간 연계를 이루며, 결과물을 만들어내는 과정 전체가 평가된다. 대학은 다음과 같은 궁금증을 가지고 지원자를 평가한다.

단순 활동이 아니라 문제 해결을 위한 탐구 과정인가가 중요한데, 특히 '연계 – 확장 – 심화'의 흐름을 세밀하게 주시한다.

수업에서 배운 내용을 기반으로 질문을 만들고, 자료를 찾고, 더 깊은 영역으로 넘어가는 구조가 보일 때 대학은 높은 평가를 준다.

탐구력은 학생이 대학에서 연구와 학문 수행을 감당할 수 있는지를 보여주는 가장 직접적 증거이기 때문에, 대학은 이 부분을 무엇보다 엄격하게 본다.


## 대학의 최종 판단

### ○ 성장과 연결성

세 가지 평가 요소는 독립된 것이 아니다. 대학은 학생부 전체를 하나의 흐름으로 읽는다. 기초학력은 안정적이고, 학년이 올라갈수록 명확한 성정을 보이고, 수업과 독서, 수행평가가 연결되어 전공 관련 탐구가 자연스럽게 심화되는 학생일수록 높은 평가를 받는다.

2028 대입제도 변화 속에서도 이러한 기준은 변하지 않는다. 학업역량은 여전히 학종의 중심이며, 대학은 대학에서 학문을 감당할 수 있는 학생을 찾는다. 학생부 곳곳에 남긴 학습의 흔적이 '성장 – 연결 – 탐구'라는 구조로 축적되어 있다면, 대학은 흔들림 없이 그 학생을 선택한다.

# 수행평가 논란의 해결책



지금의 수행평가 논란은 단순히 건수가 많아서 힘들다는 문제에 그치지 않는다. 본질은 수행평가의 성격 자체가 입시 중심으로 변질되었다는 데 있다. 학생의 학습 과정과 성장을 확인하기 위해 도입된 수행평가가, 어느 순간부터 점수를 얻기 위한 경쟁의 도구로 바뀌었고, 그 결과 공정성에 대한 신뢰가 무너지고 있다. 이 문제를 해결하기 위해서는 최소한 두 가지 원칙이 반드시 지켜져야 한다.

## 모든 수행평가는 반드시 수업시간 안에 끝내야 한다

### ● '사교육'과 '부모찬스'를 막기 위해

수행평가는 공정성이 핵심이다. 현장 교사들 사이에서도 과제가 교실을 벗어나는 순간, 공정성은 통제할 수 없다는 목소리가 적지 않다.

집에서 진행되는 과제는 부모의 개입 여부나 사교육 도움 여부를 가릴 수 없고, 결국 학생 개인의 역량이 아닌 가정 배경이 결과에 반영될 가능성이 높아진다.

실제로 학부모들 사이에서는 '어디까지 도와줘야 하는지 모르겠다', '도와주지 않으면 손해 보는 것 아니냐'는 불안이 확산되고 있다.

학생들 역시 누군가는 도움을 받는데, 나는 혼자 해야 한다는 상대적 박탈감을 느낄 수 있다. 이러한 상황에서 수행평가는 더이상 학습 평가가 아니라, 계층 격차를 드러내는 지표로 변질될 위험이 크다.

팀 프로젝트 역시 마찬가지다.

조별 탐구나 발표 활동은 모든 기획과 토론, 자료 정리와 결과 도출이 수업시간 안에서 완료되어야 한다. 그래야만 개별 학생의 참여도와 사고 과정이 드러나고, 수행평가가 본래 의도대로 학생의 실제 학습 과정을 평가할 수 있다. 이 원칙이 지켜지지 않는 수행평가는 아무리 공정하다고 설명해도, 결과적으로는 '사교육'과 '부모찬스'가 개입될 여지를 남긴 평가가 되고 만다.

# 수행평가의 건수를 제한


**○ 평가 목적을 명확히 해야**

또 하나의 핵심은 수행평가의 양을 줄이고, 목적을 분명히 하는 것이다.

과목당 수행평가는 1~2회 수준이 적절하다. 발표, 탐구, 보고서를 무작정 늘리는 방식은 학생에게는 과도한 부담이 되고, 교사에게는 형식적인 평가를 양산하는 결과를 낳는다.

현장에서는 '평가를 많이 할수록 오히려 제대로 보기 어렵다'는 지적이 반복된다. 수행평가는 활동의 다양성을 보여주기 위한 장식이 아니라, 사고력이나 이해도를 확인하기 위한 도구여야 한다.

이를 위해서는 평가 기준을 사전에 명확히 공개하고, 학생들이 무엇을 준비해야 하는지 예측 가능하도록 하는 것이 매우 중요하다.

평가의 초점 역시 결과물이 아니라, 수업을 통해 사고가 어떻게 확장되었는지에 맞춰져야 한다.

결국 중요한 것은 얼마나 많이 평가했느냐가 아니라 얼마나 제대로 평가했느냐이다.

# 수행평가의 문제는 입시의 공정성



5등급제 시대에 들어서며 수행평가의 영향력은 폭발적으로 커졌다. 그러나 이 확장은 평가의 질을 높이기 위한 결과라기보다, 내신 변별력 약화라는 구조적 문제의 부작용에 가깝다.

### 내신이 유리해도 뒤집히는 경우

| 학생 | 내신평균 | 교과점수(70) | 수행평가점수(30) | 총점 |
|---|---|---|---|---|
| A | 2.1 | 61 | 28 | 89 |
| B | 1.8 | 64 | 22 | 86 |

A학생은 내신 성적에서는 다소 뒤처져 있지만, 수행평가에서 우수한 점수를 받으면서 총점에서 내신이 앞섰던 B학생을 추월하는 경우도 발생한다.

이처럼 수행평가의 영향력이 커지면서, 대입 결과가 완전히 달라지는 상황이 나타나고 있다.

수행평가는 본래 학생의 성장과 참여, 탐구 과정을 드러내기 위한 평가였지만, 지금은 진학과 전공선택, 대입 성패를 가르는 입시 경쟁의 최전선에 서 있다.

이 혼란을 해결하는 길은 복잡하지 않다. 과제형 수행평가는 학교 밖에서 해결될 수 없도록 하고, 모든 절차를 수업시간 안에 마무리하는 것이다. 이는 완벽한 해결책은 아닐지라도, 공정성과 투명성을 회복하기 위한 최소한의 조건이다.

수행평가를 다시 교육의 자리로 돌려놓지 못한다면, 사교육 개입, '부모찬스' 논란은 계속 반복될 수밖에 없다. 수행평가의 본래 취지를 되살리는 일은 입시의 공정성을 회복하는 출발점이기도 하다.

# 학종시즌 II

—고교학점제 역시 만병통치약 아니다

## 정밀화된 학생부 종합전형

### ● 토론이나 실험 중심으로

수시가 시행되면서 다양한 비교과 프로그램이 활성화되어 주입식 교육과 단순한 암기에서 탈피하여 토론이나 실험, 과제수행, 탐구학습 등이 학습의 중심으로 자리를 잡았다. 이러한 활동을 통해 창의성이나 자기주도적인 학업역량을 향상시키려는 취지에 어느 정도 부합한 것으로 보인다. 수시의 취지에 가장 적합한 전형이 학생부 종합전형이었다.

이제는 학종은 고교선택제로 한 단계 더 정밀해진다. 다양한 자율활동, 진로활동, 봉사활동, 동아리 활동 등 비교과 프로그램을 제공하여 교과는 학생 스스로 자신의 진로에 맞게 선택한다. 대학에서 학점을 선택하여 강의실을 옮겨다니 듯이 교실을 옮겨다니면서 수업을 받는 형태와 비슷해진다.

　교과목을 전공과 연계하여 자율활동, 동아리활동, 봉사활동, 진로활동 등의 비교과 활동이 추가되어 창의적인 인재를 키우려는 학생부 종합전형이 대세가 되었다. 공정성의 문제로 다소 위축된 적도 있었지만, 여전히 전공과 관련해서 학생들이 꿈을 키우고 열정과 노력을 쏟으며 성장하고 발전을 도모하는 제도로 안착이 되었다.

## 학생부 종합전형 평가

| 평가요소 | 진로역량 | 학업역량 | 공동체역량 |
|---|---|---|---|
| 평가항목 | *전공(계열) 관련 교과이수 노력<br>*전공(계열) 관련 교과성취도<br>*진로탐색 활동과 경험 | *학업성취도<br>*학업태도<br>*탐구력 | *협업과 소통능력<br>*나눔과 배려<br>*성실성과 규칙준수<br>*리더십 |

　고교학점제에서는 학생들의 선택권이 강화되어 다양한 과목이 제공되고 진로적성에 따라 진로설계가 가능하도록 한다. 학생들의 과목 선택권을 강화하겠다는 명분으로 고교학점제를 통해 진로와 관련된 다양한 과목을 충실히 선택하게 된다. 그리고 진로에 맞는 교과수업을 충실히 이수하여 자신의 경쟁력을 쌓고 이러한 실적을 가지고 대학입시를 준비한다.

학생이 과목을 선택한다고 무한정 선택권이 보장될까? 현실은 그렇지 않다는 점을 분명히 짚고 넘어갈 필요가 있다. 우수한 학생들이 대입에 유리한 과목을 우선적으로 선택하려고 몰릴 수밖에 없다. 40%나 되는 정시가 존재한다는 대입 현실을 생각할 때 부정할 수 없는 현실이다.

우수한 학생들이 대입에 유리한 과목을 우선적으로 선택하려고 할 때 모든 학생을 수용하기 힘들 수 있다. 그러면 우수하지 않은 학생을 밀어내기 위한 작업이 들어간다. 명분은 교사 수급상이다. 그렇기에 그 과목을 들으려고 했던 하위권 학생들은 밀려나기도 한다. 어차피 대학입학에 크게 도움이 되겠느냐는 설득이 작용함은 물론이다.

## 진로에 더욱 초점을 맞춘 학종

> **현실적으로 공정성 문제**

고교학점제가 시행되면 진로와 관련된 과목을 자유롭게 선택하여 이수하면서 학업 경쟁력을 키운다. 이러한 경쟁력을 바탕으로 대학에 진학한다. 바야흐로 학생부 종합전형Ⅱ의 시대가 도래했다.

일각에서는 입시 현실을 도외시하는 이론에만 치우친 정책이라고 지적하는 것도 일리가 없지 않다. 현실적으로 공정성 문제가 붉어질 수 있고 선택과목 개설에 있어서 지역 간 격차도 예상되는 등 여러 부작용이 현실화되고 있다.

| 전형의 종류 | 세부사항 |
| --- | --- |
| 학생부 교과 | 교과성적+수능최저(일부) |
| 학생부 종합 | 교과성적+교과활동+수능최저(일부) |
| 논술 | 논술역량+수능최저 |
| 정시 | 수능성적+(교과역량) |

대학에 지원할 때의 절차는 기존의 학종과 별반 다르지 않다. 교과와 비교과 경쟁력을 바탕으로 유불리를 가늠하여 대학 진학을 염두에 두어야 한다. 위의 표에서처럼 교과전형, 논술전형, 학생부 종합전형 중에 자신이 강점이 있는 전형을 중심으로 지원하게 된다.

그런데 고교학점제에 충실한 학생은 결국 학생부 종합전형에 한정되어 지원하게 된다. 사실상 취지나 내용 면에서 학종과 크게 다를 게 없다. 결국 학종시즌Ⅱ라고 명명하지 않을 수 없다.

## 학종시즌Ⅱ에서 수능은
### 더욱 강화될 것이다

학종시즌Ⅱ로 불리는 고교학점제 체제에서 수능의 위치는 여전히 애매하다. 수업에 충실히 참여하며 특정 진로에 대한 뚜렷한 흥미와 관심을 보이기보다는, 오히려 수능에서의 경쟁력이 더 두드러지는 학생들은 어떤 선택을 해야 할지 고민에 빠진다. 제도상으로는 단위 학교가 수능 중심 수업에서 벗어나는 것처럼 보이지만, 현실에서는 수능이 여전히 존재하고, 상위권 대학일수록 학종에서도 수능최저학력기준을 요구하기 때문에 수능 공부를 소홀히 할 수는 없다.

학생은 진로를 바탕으로 선택한 과목에 집중해야 하지만, 동시에 대학 진학을 고려하면 수능에서 손을 놓을 수 없는 상황에 놓인다. 여기서 자연스럽게 딜레마가 발생한다.

사실 모든 학생이 학종에 적합한 것도 아니다. 그럼에도 불구하고 입시 경쟁력을 확보하기 위해서는 수능 준비를 병행할 수밖에 없고, 학종 지원자가 몰릴수록 경쟁은 더욱 치열해진다. 학종에서의 실패 가능성을 대비해 수능을 통한 안전장치를 마련해야 하는 이유다.

문제는 교실 수업이 전공과 연계된 진로선택과목 중심으로 운영되면서, 수능 준비와 거리가 생긴다는 점이다. 학교 수업만으로 부족한 수능학습을 보완하고 정시까지 대비하려면, 현실적으로 사교육에 의존할 수밖에 없는 구조가 형성된다. 과목 선택의 자유가 확대된 것은 긍정적으로 보일 수 있지만, 진로역량과 학업역량에서 뚜렷한 강점을 보여주지 못한다면 학종에서의 가능성은 제한적일 수밖에 없다.



결국 진로에 대한 관심과 이해를 바탕으로 교과·비교과 활동에서 높은 성취를 보여야 대학의 평가를 받을 수 있다. 동시에 수능이 존치되는 이상, 수시에서도 수능최저를 충족하기 위한 준비를 게을리해서는 안 된다.

학생부 종합전형에서 뚜렷한 성과를 거두지 못할 경우, 수능 점수를 기반으로 정시를 선택해야 하는 상황도 여전히 존재한다. 정시에서 일부 내신을 반영하더라도, 중심은 여전히 수능 성적이다. 결국 학종이든 정시든, 학업 성취도가 뒷받침되지 않으면 대입에서 주도적으로 선택하기는 어렵다는 현실은 변하지 않는다.

# 진로탐색의 흔적 찾아내기



대학은 진로의 완성이 아니라 탐색의 흔적을 찾아내려고 한다. 고교학점제 체제에서 대학이 학생부를 평가할 때 가장 먼저 확인하는 것은 이 학생의 진로가 무엇인가가 아니다. 대학의 질문은 훨씬 명확하다. '이 학생은 스스로 관심을 확장하며 탐색해 온 흔적이 있는가?'로 집약된다. 대학은 이를 다음 네 가지 축을 통해 입체적으로 읽어낸다.

**교과 선택:** 전공 확정이 아니라 탐색의 방향성

대학은 교과 선택을 통해 학생이 어떤 분야를 확정했는지보다, 어떤 영역을 시험적으로 경험해 보았는지를 본다.

✔수학에 대한 흥미를 바탕으로 심화 과목을 선택하고 경영 · 경제 · 데이터 분야로 사고를 확장했는가

✔생명과학 흥미를 계기로 실험 중심 과목을 선택해 의료·보
  건 영역을 탐색했는가
✔문학 수업의 인상적인 경험을 계기로 글쓰기 심화 과목을 선
  택했는가



**세부능력 특기사항:** 확정된 진로보다 탐색 태도를 본다

세특은 진로가 명확한 학생보다, 질문하고 탐색하는 학생에게 더 많은 정보를 제공하는 기록이다. 대학이 주목하는 세특은 다음과 같다.

✔의료윤리에 대한 의문을 제기하며 토론을 주도함
✔삼각함수 개념을 물리적 상황에 적용하며 응용 가능성을 탐
  색함
✔지역 개발 단원에서 관광산업의 구조적 문제를 자발적으로
  조사함

이 기록들은 특정 전공을 확정했다는 증거가 아니다. 대학은 이를 학습 과정에서 스스로 문제를 만들고 사고를 확장한 흔적으로 읽는다. 즉, 세특은 전공 선언문이 아니라 탐색의 밀도를 보여주는 자료다.

### 독서 기록: 전공 적합성보다 지적 이동 경로

대학은 독서를 전공 적합성의 증거로만 보지 않는다. 오히려 독서는 학생의 지적 호기심이 어떻게 이동했는지를 확인하는 가장 안전한 자료다. 수업에서 생긴 질문이 독서로 이어지고, 그 독서가 다시 세특이나 수행평가로 연결된다면, 대학은 이를 자기주도적 탐색의 연속성으로 평가한다.

독서 목록의 화려함보다 중요한 것은 왜 이 책을 읽게 되었는가라는 맥락이다.

### 수행평가 · 탐구활동: 결과물이 아니라 탐구 구조

대학은 수행평가를 통해 다음 질문에 대한 답을 찾는다. 단순히 활동이 많다고 해서 높은 평가를 받지는 않는다. 탐색의 밀도가 높은 학생, 즉 사고의 깊이와 연결성이 분명한 학생이 학종에서 강점을 갖는다.

✔학생이 스스로 질문을 만들었는가

✔기존 교과 지식을 적용하거나 확장했는가

✔탐구 과정이 수업 내용과 유기적으로 연결되는가

✔활동이 단발성이 아니라 성장의 흐름을 갖는가


대학은 진로를 일찍 확정한 학생보다, 여러 가능성을 열어두고 탐색해 온 학생을 더 발전 가능성이 높다고 평가하는 경우가 많다.

> 고등학교 단계에서 확정된 진로는 오히려 편협할 수 있다, 탐색 과정은 다양한 학문적 접근과 사고 확장을 보여준다. 대학 교육의 본질은 전공 숙련이 아니라 탐구 기반 학습이기 때문이다. 즉, 진로가 없다는 것은 결핍이 아니라 탐색의 여지가 있다는 것이며, 이 여지는 학생의 학업역량이 드러날 수 있는 중요한 평가 지점이 된다.


## 대학의 변하지 않는 기준

> 사고력과 학습 태도

입시 제도는 바뀌고 구조는 복잡해졌지만, 대학이 학생부에서 확인하려는 기준은 변하지 않는다. 학생은 스스로 배우고, 질문하고, 탐색해 온 흔적이 있는가이다. 대학은 진로의 완성도를 보려고 하지 않는다. 대학이 읽어내는 것은 탐색의 과정, 그리고 그 과정 속에서 드러난 사고력과 학습 태도다.

고교학점제가 요구하는 것도 진로 선언이 아니라 탐색의 흔적이며, 학생부 종합전형이 평가하는 것 역시 '무엇이 되고 싶은가'가 아니라 '어떻게 배워 왔는가'다.

# 1학년부터 시작하는 세특 관리



## 학생부는 기록이 아니라 축적

### 누적 관리가 결정적인 차이

대입이 끝난 뒤 수시 합격생들의 학생부를 들여다보면 공통점이 있다. 화려한 스펙이나 특별한 이력보다, 3년에 걸쳐 차분히 쌓아 올린 학업의 흔적이 분명하다는 점이다.

특히 고교학점제 체제에서 학생부의 핵심은 단연 교과 세부 능력 특기사항(세특)이다. 자소서와 교사 추천서가 폐지된 이후, 대학은 학생의 고등학교 생활을 오롯이 학생부만으로 판단한다.

그중에서도 세특은 학생의 사고력, 학업태도, 탐구역량을 가장 밀도 높게 보여주는 자료다.

많은 학생과 학부모가 세특은 2~3학년 때 잘 챙기면 되지 않을까라고 생각하지만, 실제 합격생들의 학생부를 보면 1학년부터의 누적 관리가 결정적인 차이를 만든다. 세특은 단기간에 만들어지는 결과물이 아니라, 시간을 두고 축적되는 기록이기 때문이다.


## 세특 관리의 출발점은 과목
◐ 선택이 바뀌는 과정이 곧 탐색의 증거

합격생들의 학생부를 분석해 보면, 공통적으로 과목 간 연결이 잘 드러난다.

한 과목에서의 흥미가 다른 과목으로 자연스럽게 확장되고, 그 과정이 세특에 반복적으로 등장한다.

예컨대 경제 수업에서 한계효용 체감의 법칙을 다뤘다면, 이를 수학 수업에서 미분·적분 개념과 연결해 사고를 확장하는 식이다. 이런 경우 대학은 단순히 활동을 많이 했다고 평가하지 않는다. 하나의 주제를 깊이 있고 입체적으로 탐구했다고 해석한다.

특히 1학년은 전공 적합성을 완성하는 시기가 아니라, 관심 분야를 탐색하는 시기다. 이 단계에서 중요한 것은 진로를 확정하는 것이 아니라, 흥미가 생긴 주제를 여러 교과에서 맛보기로 경험해 보는 것이다. 수학이 재미있어 데이터나 경제 쪽으로 사고를 넓혀 보기도 하고, 생명과학 실험이 흥미로워 의료·보건 영역을 탐색해 볼 수도 있다. 선택이 바뀌는 과정 자체가 곧 탐색의 증거가 된다.


## 세특은 결과보다 과정을 기록

◐ **자발적으로 조사한 흔적**

세특을 단순한 활동 기록으로 오해하는 경우가 많다. '발표함', '보고서 제출함' 같은 문장은 이미 평준화되어 대학의 눈길을 끌기 어렵다.

대학이 보고자 하는 것은 무엇을 했는가가 아니라, 어떻게 사고했는가이다.

실제 합격생들의 세특을 보면 공통적으로 다음 요소가 드러난다.


✔수업 중 스스로 질문을 만들었는가
✔배운 개념을 다른 상황에 적용했는가
✔탐구 과정이 수업 내용과 유기적으로 연결되는가

## 학년이 올라갈수록 심화가 보인다

🔵 **학년 간 연결된 탐구**

1학년 때의 세특은 비교적 가볍다. 흥미로운 주제를 조사하고 발표하는 수준에서도 충분하다. 그러나 2학년, 3학년으로 올라가며 같은 관심사가 점점 깊어지는 흐름이 보이면 학생부의 설득력은 급격히 높아진다.

1학년에서 교과서 속 개념을 탐색했다면, 2학년에서는 이를 다른 교과나 외국어·문학·과학 등으로 확장하고, 3학년에서는 이론 비교, 실험 설계, 심화 보고서로 발전시키는 구조다.

대학은 이 흐름을 통해 학생이 시간을 들여 학업역량을 성장시켜 왔는지를 판단한다. 단발성 활동이 아니라, 학년 간 연결된 탐구는 학업의 진정성을 강하게 보여준다.

# 모든 과목이 평가 대상

◐ 합격생들의 공통점

상위권 대학일수록 주요 교과뿐 아니라 예체능, 제2외국어, 교양 과목까지 함께 살핀다. 관심 분야가 있다면 이를 다양한 교과에 자연스럽게 녹여내는 것이 중요하다. 역사나 예술에 관심이 있다면 미술·국어·외국어 수업에서 관련 탐구를 시도할 수 있고, 과학 계열 학생이라도 국어·사회 수업에서 관심과 사고력을 드러낼 수 있다.

특히 1학년은 수업 태도가 세특의 바탕이 된다. 세특을 작성하는 주체는 학생이 아니라 교사다. 수업에 성실히 참여하고, 질문과 토론에 적극적으로 임하며, 하나의 활동이라도 끝까지 충실하게 수행하는 태도가 기록으로 남는다. 합격생들의 공통점 중 하나는 어느 과목 하나 허투루 듣지 않았다는 점이다.

# 독서는 세특을 연결하는 가장 좋은 매개

◐ 적용의 과정을 거쳐 사고가 발전

학생부에서 독서란이 사라졌다고 해서 독서의 중요성이 줄어든 것은 아니다. 오히려 독서는 세특 주제를 확장하고 연결하는 가장 안전한 도구다. 수업 중 생긴 질문을 독서로 이어가고, 그 독서를 다시 세특이나 수행평가로 연결하면 탐색의 흐름이 분명해진다.

중요한 것은 독서량이 아니라 독서를 어떻게 활용했는가다. 한 권을 읽고 끝내기보다, 비교하고 확장하며, 적용의 과정을 거쳐 사고가 발전했는지가 핵심이다.

## 세특 관리의 본질은 성실성의 누적

**흔적이 학생부 전반에 녹아 있다**

많은 합격생들이 공통적으로 강조하는 요소는 화려한 활동이 아니라 성실성이다. 수업참여, 수행평가, 교내 활동, 독서, 탐구보고서까지 어느 하나 빠뜨리지 않고 꾸준히 쌓아온 흔적이 학생부 전반에 녹아 있다.

1학년 세특 관리는 대단한 전략이 필요한 일이 아니다. 수업을 성실히 듣고, 질문하고, 생각을 확장하고, 그 과정을 반복하는 것이다. 이 축적이 2학년, 3학년을 거치며 학생부의 무게를 만든다. 학생부는 단기간에 완성되지 않는다. 세특은 1학년부터 시작할 때 가장 강해진다.

# 2028 학종,
# 대학은 진로역량을 이렇게 평가



대학이 묻는 것은 전공 확정이 아니라 탐색의 깊이다.

학생부 종합전형에서 진로역량은 더이상 특정 전공에 대한 단편적 관심을 의미하지 않는다. 대학은 학생이 고교 생활 동안 어떤 분야에 관심을 가졌고, 그 관심을 어떻게 탐색하고 확장하며, 그 과정에서 어떤 학업적 성장을 이루었는가를 평가한다.

## 대학의 관심은 진로 결정이 아니다

◑ 탐색의 과정을 본다는 것을 명심

특히 2028 대입에서는 진로역량에서 전공을 일찍 정한 학생을 우대하는 것이 아니다. 진로를 정한 학생이 우대된다고 암시한

적도 없다. 중요한 것은 전공을 탐색하고 이해하기 위해 어떤 노력을 했는가이다. 따라서 진로가 명확하지 않은 학생도 충분히 강력한 경쟁력을 확보할 수 있다. 즉 대학은 진로 결정이 아니라 탐색의 과정을 본다는 것을 명심할 필요가 있다.

## ① 전공(계열) 관련 교과 이수 노력 — 전공 결정보다 탐색의 구조가 중요하다

대학이 가장 먼저 보는 것은 학생이 특정 전공을 위해 어떤 과목을 선택했는가가 아니다. 학생이 관심 분야를 탐색하기 위해 교과를 어떻게 이수해왔는가를 깊게 주시한다.

전공 탐색의 깊이는 교과 선택의 위계성, 일관성, 이수 노력에서 드러난다. 서울대가 이미 2024 전형안에서 '핵심권장과목'과 '권장과목'을 제시한 이유도, 대학이 교과이수를 진로역량 판단의 핵심 기준으로 보기 때문이다.

대학이 실제로 확인하는 요소는 전공(계열) 관련 과목을 적절히 선택했는가이다. 예를 들어 인문·사회·상경에 관심이 있는 학생은 당연히 국어·사회 중심의 교과를 이수할 것이다. 자연·공학을 전공하려는 학생은 수학·과학 중심으로 교과를 선택할 것이다. 마찬가지로 의학에 관심이 있는 학생은 생명과학, 화학의 심화과목을 이수할 것이다. 심화 선택 여부는 전공 이해를 위한 준비도를 보여준다.

### ❶과목 선택이 학습 위계에 맞는가?

학습 위계에 맞게 과목 선택을 하는 것도 대학이 주시하는 내용이다. 예를 들어 미적분은 수학Ⅰ·Ⅱ를 전제로 한다. 경제수학도 수학Ⅰ을 기반으로 하지 않고 수학하기 힘들다는 인식이다. 이러한 위계를 무시하면 전공 이해를 위해 체계적으로 준비가 부족한 것으로 해석될 수 있다.

### ❷이수과목 개수가 아니라 난이도 상승의 흐름이 보이는가?

진로와 관련된 과목을 많이 이수했다고 좋은 평가를 얻는 것은 아니다. 많은 과목을 듣는 것보다 어떤 방향으로 심화되어 왔는지가 훨씬 중요하다. 아래의 대학 사정관의 체크리스트에서도 볼 수 있듯이 이수과목 개수보다도 교과를 이수하기 위한 노력에 초점이 있는 것을 알 수 있다.

---

**대학 입학사정관 체크리스트 – 진로역량**

①전공(계열)에 적절한 과목을 이수했는가?

②심화 선택 또는 난이도 상승이 보였는가?

③과목 선택이 위계에 맞는가?

④학교에 개설되지 않은 과목을 다른 방식(온라인·공동교육과정 등)으로 보완했는가?

⑤진로선택 과목에서 탐구 활동을 충실하게 수행했는가?

---

## ② 전공(계열) 관련 교과 성취도 — 등급이 아니라 맥락을 본다

학생과 학부모는 종종 진로선택과목에서 상위권의 학생들이 몰려 좋은 성적을 얻기 어려우니 피해야 한다고 생각한다. 그러나 대학은 전공역량을 단순 등급으로 평가하지 않는다.

대학이 실제로 학생의 진로역량을 판단하기 위해서 다음과 같은 '정성평가형 성취도 구조'를 활용한다.

### ❶ 공통 · 일반선택의 석차등급은 맥락을 파악해야 한다

대학은 원점수, 평균, 이수 단위, 수강자 수, 성취도 분포 등의 요소를 종합해 이 학생이 해당 교과에서 어느 수준의 학업역량을 가졌는가를 해석한다.

1.5등급이지만 평균이 높은 상황에서의 성취가 오히려 1.8등급보다 더 높은 평가를 받을 수 있다.

### ❷ 진로선택과목은 전공적합성과 탐구의 깊이를 판단하는 핵심 교과

대학은 진로선택과목에서 과목의 난이도, 수강자 규모, 성취도 분포, 탐구 활동의 충실성을 세밀하게 찾아본다. 특히 동일 교과에서 일반선택에서 진로선택으로 심화되는 구조가 자연스럽게 이어져 있을 때 가장 높은 평가를 받는다.

③ **진로탐색 활동과 경험** — 진로를 정한 학생보다 탐색하는 학생이 강하다

대입에서 유념해야 할 것이 진로를 정한 학생보다 탐색하는 학생에게 더욱 관심을 가진다는 것이다. 예전의 전공탐색은 전공을 빨리 정해서 전공 관련 활동을 쌓으라라는 방식이었다.

그러나 2028 개념은 이와 다르다. '전공이 없어도 문제가 되지 않는다'라는 인식이다. 대학은 진로를 일찍 정한 학생보다 진로를 다양한 방식으로 탐색한 학생을 더 높게 평가한다. 따라서 학생들의 우려와는 달리 진로가 바뀌어도 불이익이 없다. 중요한 것은 변경된 진로에서 성실한 탐색 노력이 있었는가이다.

대학이 실제로 주목하는 것은 교과 수업, 창의적 체험활동 그리고 독서를 활용한 탐색의 흔적이다. 특히 발표 · 토론 · 실험 · 과제연구와 같은 수업 활동을 통해 학생이 관심 분야를 어떻게 확장해 왔는지

여러 교과 속에서 특정 관심 주제에 대한 접근이 반복적으로 드러나는지, 그리고 그 과정에서 꾸준한 문제의식과 노력이 이어졌는지가 중요하다. 이러한 흐름은 학생의 전공적합성과 학업태도를 동시에 입증하는 근거가 된다. 더 나아가 다양한 분야를 탐색한 뒤, 현재의 진로가 그 탐색의 결과임을 보여줄 수 있다면, 대학은 이를 더욱 긍정적으로 평가한다.

### 대학 입학사정관 체크리스트 – 진로탐색 활동

①학생은 관심 분야에 꾸준히 접근했는가?

②탐색 활동이 교과 활동과 연결되는가?

③진로 변경이 있었을 경우 탐색의 과정과 정당성이 드러나는가?

④독서가 탐색의 깊이를 확장하는 역할을 했는가?

⑤활동 기록이 결과 중심이 아니라 탐색 과정 중심인가?

## 정답을 맞히는 시험이 아니다

### ◐ 학업적 성장을 이뤄낸 학생

진로역량은 결과가 아니라 탐색의 구조다. 학생부 종합전형에서 대학은 학생에게 전공을 일찍 정하라고 요구하지 않는다. 대학이 보는 학생은 무엇이든 배우고 탐색하려는 의지가 있고, 그 과정에서 학업적 성장을 이뤄낸 학생이다.

그런 학생은 비록 전공이 확정되지 않았더라도 또는 진로가 중간에 변경되었더라도 학종에서 높은 평가를 받는다. 진로역량은 정답을 맞히는 시험이 아니다. 학생의 진로탐색 의지, 성장 과정, 학업적 진정성을 보여주는 영역이다.

# 모든 것을
# 동시에
# 요구하는 입시

# 6부

# 정시파이터는 오산



대입을 준비하는 학생·학부모 사이에는 익숙한 말이 있다.

'내신이 안 되면 정시로 가면 되잖아.'

그러나 이것은 더이상 통하는 전략이 아니다. 정시는 대안이 아니라, 내신과 학교생활을 전제로 한 최종 관문이 되어가고 있기 때문이다.

### 서울대·경희대의 변화: 정시에서도 내신을 보겠다.

최근 서울대와 경희대는 2028 정시전형에서도 학교생활기록부 일부 요소를 반영하겠다고 밝혔다. 이는 단순한 평가 요소의 추가가 아니다. 정시는 더이상 수능만 잘 보면 되는 전형이 아니라, 정시에서도 내신을 반영하는 학교가 증가하고 있다.

정시에서도 학교생활을 성실하게 수행한 학생에게만 열려 있는 문이 되었다는 뜻이다. 이 변화는 2028 교육과정·5등급제 도입과 함께 더욱 가속화될 전망이다.

내신 변별력이 떨어지며 1등급 학생 수가 급증하고, 수능은 통합형 구조로 개편되어 변별력을 기존보다 확보하기 어렵다. 대학 입장에서는 수능 성적만으로는 학생의 학업태도와 기초역량을 가늠하기 어렵다. 결국 학교생활 충실도를 함께 보겠다는 결론에 이른 것이다.

| 경희대학교 2028학년도 대입전형(정시안) | |
|---|---|
| 수능형 | ▶수능100%(정시30% 내외) |
| 수능학생부형<br>(신설) | ▶수능90%+학생부10%(정시70% 내외)<br>✓학생부 반영: 3학년 2학기까지 상위 18개 과목을 반영하고 상대평가/절대평가 중 상위성적 반영<br>✓자연계 가산점: 수학 18학점 또는 5과목 이상<br>　　　　　　　　　과학 20학점 또는 6과목 이상<br>　　　　　　　　　이수 시 가산점 |

## 정시에 올인하면 된다는 가장 위험한 착각

### ➡ 2028학년도 입시는 종합형 경쟁

내신이 좋지 않으니 정시에 올인해서 승부를 보겠다는 전략은 더이상 효과적인 전략이 아니다. 이미 정시의 문 자체가 좁아졌다. 정시 비율이 40%를 유지했는데 점차로 30%대로 축소되고 있다.

서울대·경희대를 시작으로 정시에서도 내신과 학교 기록을 반영하는 추세가 확산될 가능성이 매우 높다. 물론 중상위권 대학에서는 나중에 발표될 실질반영비율을 살펴보는 통찰도 필요하다.

**대학의 변심은 정시로 입학한 학생의 자퇴율 증가도 한몫하고 있다. 여러 대학에서 분석한 결과, 수능 점수에만 집중해 대학에 진학한 학생의 중도탈락률이 상대적으로 높게 나타난다. 수능형 학습만 해온 학생이 전공 학습에 적응하지 못해 더 좋은 대학으로, 더 좋은 학과로 재도전하려는 움직임은 이전부터 있었다. 대학들은 이러한 현상을 탐탁하지 않게 여기고 있었다.**

대학은 수능 점수는 높지만, 내신이 약한 학생을 선호하지 않는다. 그 학생이 대학 교육을 버텨낼 학업 지속성을 갖췄다는 증거가 부족하기 때문이다.

내신을 버린 학생은 세특뿐만 아니라 과목 이수나 학습 태도를 증명하기 힘들다. 정시는 수능 100% 시대에 머무르지 않는다. 대학은 점점 더 교과 이수 체계, 학교 수업참여, 세특(세부능력 특기사항) 등을 확인하려 한다.

수능은 지적 능력을 평가하지만, 내신과 학교 수업은 학업태도와 지속력을 보여주기 때문이다. '정시파이터'가 가장 취약한 부분이 바로 이것이다.

　정시를 목표로 수능에 집중하는 '정시파이터'를 선택했다 하더라도, 변화한 입시 구조에서는 교육과정 선택과 학교생활을 완전히 외면할 수 없다. 이제는 수능 성적만으로 모든 것이 해결되는 시대가 아니기 때문이다.
　실제로 아무리 수능에서 최고 수준의 성적을 거두더라도, 대학이 요구하는 선택과목 이수 기준을 충족하지 못하면 불합격하는 사례가 발생할 수 있다. 서울대를 비롯한 주요 대학들은 학업역량을 종합적으로 판단하기 위해 교과 이수 내역과 학생부를 함께 살피고 있다.

　따라서 정시를 준비하는 학생이라 하더라도 최소한의 내신 관리와 학생부 관리는 필수적이며, 고교 교육과정을 어떻게 선택하고 이수할 것인지에 대한 고민을 병행해야 한다. 결국 정시는 내신을 버리는 전략이 아니라, 학교 교육과 수능 준비를 함께 관리하는 전략으로 재정의되고 있다.
　2028 입시는 단순한 시험 구조 개편이 아니다. 대학은 이제 수능 점수만 높은 학생보다 학교에서 꾸준히 학업을 수행해온 학생을 선택한다. '정시파이터'는 더이상 길이 아니다. 내신을 세우고, 수능을 준비하며, 교과·세특을 관리하는 학생이 정시에서도 수시에서도 승리하는 구조로 변화했다.

수능과 내신은 '양자택일이 아니다'라는 말로 2028학년도 입시가 설명될 수 있다. 2028학년도 교육과정과 5등급제는 다음 메시지를 준다.

'학교 공부를 기본으로 하고, 수능은 그 위에 올라가는 구조'

내신 상위 10%가 모두 1등급이 되는 시대 진짜 변별력은 수업 태도와 세특 그리고 이수과목 선택에서 결정된다. 대학은 학교에서 어떻게 공부했는가를 보지 않고는 학생을 선발하기 어렵다. 2028학년도 입시는 종합형 경쟁이라고 볼 수 있다.

## 앞으로의 입시 판도

◉ '정시=수능+내신(교과 이수)'

이미 서울대·경희대가 움직였다는 것은 다른 대학들도 같은 방향으로 이동할 가능성이 매우 높다는 뜻이다. 중앙대·경희대는 몇 년 전부터 자동화된 데이터 분석으로 학생부 기반 학업 적응력 예측 모델을 활용하고 있다.

정시는 수능 성적으로 줄 세우면 끝나는 전형이 아니라, 대학에서 학업의 지속성을 보여줄 학생을 선발하는 과정으로 바뀌고 있다. 이러한 흐름에서 벗어날 수 있는 대학은 없다. 그렇기에 정시에 올인하는 학생은 점점 설 곳이 좁아진다고 볼 수 있다.



대학은 공부 습관, 성실성 그리고 지속력을 보여주는 학생을 선호한다. 따라서 내신을 포기하면 전형 두 마리 토끼 모두 놓친다. 정시는 수능형 선수들끼리 마지막에 경쟁하는 시험이 아니라, 학교생활을 성실히 한 학생이 마지막에 선택할 수 있는 전략 카드가 되어가고 있다.

# 어느 하나 가벼운 것이 없다



2028학년도 대입을 한마디로 요약하자면 다음과 같다.

'어느 하나도 포기할 수 없는 입시'

교육 당국은 5등급제·고교학점제·수능 구조 개편 등을 통해 학생 부담을 줄이겠다고 꾸준히 강조해 왔다. 하지만 실제 입시 환경은 정반대 방향으로 흘러가고 있다. 학생은 내신과 수능뿐만 아니라 비교과와 면접 등 모든 영역에서 성취를 보여줘야 하며, 그중 어느 하나라도 뒤처지면 합격 가능성이 곤두박질치는 구조가 된 것이다.

## 변별력이 떨어진 내신

### 등급 내의 경쟁자가 많기에

2028학년도부터 도입되는 5등급제는 기존 9등급제의 상위 4%가 1등급이던 구조를 바꿔 상위 10%까지를 1등급으로 묶는다. 표면적으로는 1등급을 얻는 학생들이 증가하여 부담이 줄어든 것처럼 보이지만 실질적으로는 등급 내의 경쟁자가 많기에 내신 부담이 줄어들지 않는다,

실제 대학 측에서는 변별력의 약화라는 문제가 등장하여 고민이 증가하지 않을 수 없다. 내신 최상위권이 넓어지면 대학은 내신 1등급이 10%나 되는데, 이 중 누가 진짜 우수한 학생인가라는 고민을 할 수밖에 없다. 따라서 대학은 자연스럽게 내신 반영비율을 낮추고, 학생을 평가할 또 다른 도구를 찾게 된다. 그 도구가 바로 수능, 비교과, 논술, 심층 면접이다.

## 비교과와 과정 중심 평가의 비중 확대

### 선택과목 구조가 입시와 직결

대학은 더이상 학생을 점수로만 평가하지 않는다. 특히 내신 변별력이 떨어지는 상황에서는 학생부의 기록에서 진로선택, 탐

구의 깊이, 수행평가의 충실성이 그 어느 때보다 중요해진다. 이제는 같은 1등급 학생이라도 어떤 과목을 선택했고, 어떤 프로젝트를 수행했으며, 어떤 탐구를 지속적으로 이어갔는지가 '합격과 불합격'을 가르는 핵심이 된다.

여기서 고교학점제의 선택과목 구조가 입시와 직결되는 이유가 나온다.

내신 지필고사뿐 아니라, 전체 평가의 약 40%를 차지하는 수행평가 역시 소홀히 할 수 없다. 수행평가 과정에서의 탐구·참여·태도는 결국 학생부 세부능력 특기사항에도 기록되기 때문이다. 문제는 이 두 영역이 서로 긴밀히 연결되어 있으면서도 학습 방식이 완전히 다르다는 점이다.

내신 지필평가에 집중하다 보면 정작 과정 기록을 놓치기 쉽고, 반대로 프로젝트 활동과 수행평가에 몰두하다 보면 지필 성적이 흔들리는 위험이 생긴다. 결국 내신·수행평가·세특은 모두 입시에 반영되는 요소이기에 어느 하나도 가볍게 다룰 수 없다.

세 영역 사이의 균형을 잡는 것이야말로 학생에게 가장 중요한 과제다. 그러나 이 균형을 유지하는 일은 생각보다 훨씬 어렵다. 결국 학교생활 전반에 성실히 임하는 것 외에는 뾰족한 해법을 찾기 어렵다는 점이 안타깝기만 하다.

# 수능 중요도 강화



내신의 변별력 약화를 보강하려는 움직임은 수능에서 나타나고 있다. 2025 · 2026학년도 입시부터 이미 수능최저는 강화되는 흐름을 보이고 있다. 2027 · 2028학년도에 접어들면 이 경향은 더욱 분명해진다. 수능최저를 반영하지 않았던 경희대도 2028학년도 입시에서 네오르네상스전형에서 2개 영역 합 5등급을 요구하고 있다.

내신 변별력이 떨어지는 환경에서는 대학이 학업능력을 평가할 수 있는 거의 유일한 객관적 지표가 수능이기 때문이다. 특히 상위권 대학일수록 수능 최저를 활용해 학업역량을 갖춘 학생을 일정 수준 걸러내는 구조가 될 가능성이 높다.

2028학년도 정시에서 교과성적을 반영하기는 하지만 큰 축은 수능이다. 수능이 선택이 아니라 필수가 되기에 학생들의 부담은 결코 줄어들지 않는다.

2026학년도 수능처럼 '불수능'의 가능성이 학생의 선택에 큰 장애로 작용하고 있는 것이 현실이다.

# 심화역량과 면접 비중 상승

> 대학이 직접 학생을 확인

대학들은 점수로만 학생을 뽑지 않는다. 실제로 어떤 역량을 갖고 있는지 확인하는데 주안점을 둔다. 심층 면접의 비중이 계속 강화되고 있다. 특히 상위권 대학은 학생부 기반 진로 질문, 심화 탐구 경험, 학업태도까지 확인하며 입학사정의 주도권을 행사한다. 즉, 대학이 원하는 것은 깊이 있는 배움의 경험을 스스로 만들어 온 학생이다. 결국 2028학년도 입시는 모든 것을 챙겨야 한다는 의미가 된다

상위권 대학에 진학하기 위해서는 다음과 같은 흐름을 명심하지 않을 수 없다.

내신은 1등급 범위 확대→변별력 약화→반영비중 축소 가능

수능은 최저 강화 흐름→학업역량을 증명하는 핵심 지표로 더욱 강화

비교과는 기록의 질과 과정의 깊이 확인→학생부의 본래 기능 강화

일반면접은 심층평가로→학생의 실제 역량 확인

따라서 2028학년도 입시는 어느 하나도 소홀히 할 수 없는 전방위 입시가 되었다. 내신만 잘한다고 합격 가능하다는 말은 더이상 성립하지 않고, 수능만 준비하는 시대 역시 끝났다. 모

든 전형요소에서 일정 수준 이상의 성취를 보여줘야 한다.



2028학년도 입시는 전략 없이 버틸 수 없는 입시다. 2028학년도 대입은 내신, 비교과, 논술, 면접 그리고 수능까지 이 모든 것을 챙겨야 한다. 이 모든 것이 서로 분리되어 작동하지 않는다. 따라서 필요한 것은 하나만 잘하는 학생이 아니라 모든 것을 일정 수준 이상 챙길 수 있는 학생이다.

그리고 더 중요한 것은 학생 혼자 이 모든 구조를 이해하고 감당하기에는 너무 복잡하고 버겁다는 점이다. 2028학년도 입시는 단순한 시험이 아니다. 전공 선택, 과목 선택, 비교과 설계, 내신과 수능의 균형 그리고 최종 전형 선택까지 학생은 입시 로드맵 없이 버틸 수 없는 체제가 되어버렸다.

# 등급만으로는 부족한 시대



내신이 9등급제에서 5등급제로 전환되면서, 내신 등급이 갖고 있던 변별력은 구조적으로 약화되었다. 등급 간 간격이 넓어지면서 상위권 학생들이 하나의 등급에 대거 묶이는 현상은 이미 예견된 결과이며, 이는 내신 점수만으로 학생을 선별하던 기존 평가 체제를 흔들고 있다.

이러한 상황에서 대학이 선택할 수 있는 방향은 분명하다. 등급 이외의 정보, 즉 학생의 실제 학업 모습과 학습 과정을 더 정교하게 들여다보는 것이다. 단순한 숫자보다, 그 숫자가 만들어진 배경과 맥락을 확인하지 않으면 학생을 구분할 수 없기 때문이다.

결국 5등급제는 대학으로 하여금 정성적 평가의 비중을 확대하도록 강제하는 제도적 변화라 할 수 있다.

## 점수에서 과정으로 이동하는 평가 기준



내신이 더이상 절대적인 기준이 되기 어려워지자, 대학의 시선은 자연스럽게 학생의 학업 과정 전반으로 이동하고 있다. 성취 수준뿐 아니라, 어떤 과목을 선택했는지, 그 과목의 난도는 어떠했는지, 그리고 수업 속에서 어떤 태도로 학습에 임했는지가 중요한 판단 요소가 된다.

세부능력 특기사항(세특)은 단순한 활동 기록이 아니라, 학생의 학업태도뿐만 아니라, 사고력과 탐구력을 보여주는 핵심 자료로 기능한다. 이는 '몇 등급인가'라는 양적 질문에서 벗어나, '어떻게 공부했는가'라는 질적 질문으로 평가 기준이 이동하고 있음을 의미한다. 이러한 변화는 고교학점제가 지향해 온 과정 중심 평가와도 정확히 맞닿아 있다.

## 상위권에게 요구되는 더 강력한 차별화



등급 폭이 넓어질수록 상위권 학생에게 요구되는 기준은 오히려 더 높아진다. 이제는 1등급이라는 결과만으로 자신의 경쟁력을 충분히 입증하기 어렵다. 같은 1등급 안에서도 누가 더 깊이 탐구했고, 누가 더 진로와 연계된 학습을 지속해 왔는지가 '합불(합격·불합격)'을 가른다.

대학은 일반선택과목과 진로·전문선택과목의 이수 흐름을 통해 학생의 학업 선택 방향성을 살피고, 수행평가의 충실도를 통해 학습 과정의 진정성을 평가한다. 여기에 수업 참여도와 태도까지 종합해 최종적으로 세특을 통해 학업역량의 질적 수준을 검증한다.

실제로 교과전형에서도 서류를 반영하여 정성평가 요소를 강화하는 대학이 늘고 있다는 점은, 이러한 변화가 이미 현실이 되었음을 보여준다.

## 중위권에게 열린 새로운 기회

> ⬥ 어떤 탐구와 어떤 결과물이 중요

5등급제는 상위권에게만 부담으로 작용하는 제도가 아니다. 등급 구간이 넓어지면서, 과거 3등급에 머물렀던 일부 학생이 2등급 구간에 진입할 수 있는 구조가 형성되었고, 이는 중위권 학생들에게 도약의 가능성을 열어 주고 있다.

이런 기회는 자동으로 주어지지 않는다. 전략적인 과목 선택과 함께, 선택한 과목 안에서 꾸준하고 성실한 학업 과정을 보여주어야 한다. 단순히 수강했다는 사실이 아니라, 그 과목에서 어떤 탐구를 했고 어떤 결과물을 만들어냈는지가 중요하다. 수준 높은 탐구보고서나 확장된 학습 결과물은, 중위권 학생이 자신의 가능성을 입증할 수 있는 강력한 근거가 된다.


## 내신의 시대에서 모든 것을 보는 시대로

◗ **2028학년도 대입의 본질**

5등급제 전환은 내신이라는 숫자 중심 평가의 힘을 약화시키는 대신, 학업 과정, 과목 선택, 그리고 탐구의 깊이를 핵심 평가 요소로 끌어올리는 제도적 변화다.

2028학년도 대입은 더이상 학생에게 성적만을 묻지 않는다. 학교에서 무엇을 선택했고, 어떻게 배우며, 어떤 방향으로 성장했는지를 종합적으로 평가한다.

이제 내신의 변별력이 약해진 자리를, 과정 중심의 학업 증거가 채우는 시대가 시작되었다. 말 그대로 모든 것을 함께 챙겨야 하는 입시가 2028학년도 대입의 본질이다.

# 교사도 버거운 전방위 입시의 시대



학생의 선택권을 확대하고, 진로 맞춤형 교육을 제공하겠다는 명분의 새로운 제도가 현장에 실현되고 있다. 하지만 가장 먼저 비명을 지르는 사람들은 정작 교실에서 학생과 가장 가까운 교사들이다.

교육부의 설명과 달리, 현장의 교사들은 한결같은 목소리로 말한다.

"수업에 집중할 시간이 없습니다."
"수행평가 · 프로젝트 관리만 하다가 하루가 끝나요."
"학점제 때문에 담당 과목이 두 배로 늘어났습니다."
"잡무는 줄지 않고, 책임만 늘었습니다."

고교학점제는 분명 취지는 훌륭했다. 그러나 그 취지를 감당할 시스템, 인력 체제가 준비되지 않은 채 시행되며 현장은 이미 심각한 과부하 상태에 놓여 있다.


## 과목 수 폭증

> ● 교사 1명이 2~3과목씩 떠안는 구조

고교학점제의 가장 큰 특징은 학생이 원하는 과목을 선택할 수 있도록 개설 과목 수를 대폭 늘려야 한다는 점이다. 문제는 교사 수는 그대로인데 과목 수만 두세 배로 늘어난다는 것이다.

실제 현장에서는 영어교사가 영어 일반과 영어 회화를 맡고, 심화 영어를 담당하는 업무를 떠맡게 된다. 사회교사가 사회문제 탐구와 정치와 법은 기본이고 세계사까지 떠맡게 된다. 과학교사가 화학 I 과 융합과학뿐 아니라 생명과학을 동시에 진행해야 한다.

교사 한 명이 서로 다른 교재는 물론이고 이에 따른 평가와 수업방식을 가진 과목을 2~3개 동시에 기획하고 운영해야 하는 상황이 된 것이다.

교사들은 고개를 절래절래 흔든다.


**"준비 시간이 3배로 늘었는데, 수업은 그대로입니다."**

이 구조에서 수업의 질이 유지되기를 기대하는 것은 애초에 불가능한 이야기다.

## 폭증하는 수행평가

**◐ 수업이 아니라 평가 때문에 바쁘다**

고교학점제에서는 과정 평가가 핵심이기 때문에 수행평가의 비중이 매우 높다. 한 과목당 3~5개는 기본이고 교사가 2~3과목을 맡으면 평가 개수는 순식간에 10~15개로 불어난다.

여기에 보고서 확인, 발표 평가, 팀플 조정까지 합하면 교사는 말 그대로 평가 업무에 파묻히는 상황이 된다. 교사들의 탄식이 이를 정확히 보여준다.

'학생 30명, 수행평가 4회면 120개 보고서를 일일이 확인해야 합니다. 그리고 제가 맡은 과목이 3개라 총 360개를 관리해야 해요.'

교사의 하루는 수업, 수행평가 확인, 평가 기록으로 이어지고 마지막에 생활기록부에 세특을 작성해야 한다. 이런 루틴이 반복될 뿐이기에 그 결과는 명확하다. 수업 준비에 할애해야 되는 시간이 감소되어 학생과의 상호작용이 축소되고, 수업의 질 저하는 명확하다. 결국 교사는 심리적, 육체적으로 소진하게 된다. '과정중심평가'라는 이름 아래 수업보다 평가와 기록만 남은 웃지 못할 현실이 만들어졌다.


## 문서와 기록의 폭발
> **교사 책상이 행정실**

고교학점제는 학생 개개인의 이수 과목, 진로, 장기 프로젝트, 학습계획을 체계적으로 관리해야 하는 제도다. 문제는 이 체계적인 관리가 대부분 교사의 업무로 전가된다는 점이다.

학생들의 시간표가 충돌되면 교사가 직접 조정해야 하고, 선택과목 희망 조사와 분반 구성을 교사가 담당해야 한다, 또한 프로젝트형 수업 운영 계획안을 작성해야 하고, 성취기준과 수행평가 기준표를 매년 재작성해야 한다.

결국 이러한 불평이 터지지 않을 수 없다.


**"주 2회는 행정실 직원처럼 일합니다."**

**"수업을 준비해야 하는데, 엑셀과 보고서가 더 급합니다."**

고교학점제가 운영되면 될수록 교사의 책상은 교과서보다 기록하고 보고하는 서류로 가득 차게 되는 것이다.


## 교사의 소진


현장 교사들의 분위기는 매우 비슷하다.

**"업무가 끝이 없습니다."**
**"평가와 기록에 치여 수업이 사라졌습니다."**
**"수업의 질이 떨어지는 게 느껴져도 고칠 여력이 없습니다."**

고교학점제는 교육의 개혁이 아니라 교사들에게 과로를 강요하는 구조가 되어버렸다. 교사의 소진은 결국 학생 교육의 질 저하로 되돌아온다. 교사들은 제도 자체를 반대하는 것이 아니다. 준비되지 않은 상태에서 시스템만 강제하는 방식 때문에 반대하는 것이다.

## 결국 피해를 보는 것은 학생



교사들이 지쳐가면 수업의 질은 떨어지고 학생이 받는 교육의 질도 낮아진다. 다양한 선택과목을 개설해도 수업의 깊이가 떨어진다면 교육이 충실해질 수 없다. 과제·프로젝트는 많아졌지만, 교사의 피드백은 줄어든다. 수행평가의 공정성은 떨어지고 점수 중심 경쟁만 남게 되었다. 전공 선택의 진정성은 사라지고 입시용 선택만 남게 된 것이다.

고교학점제가 아무리 좋은 취지로 만들어졌다 해도 학생 교육의 질이 떨어진다면 그 제도는 실패할 수밖에 없다.

## 학점제 개혁의 핵심은 과목의 양이 아니라



교육은 제도로 움직이지 않는다. 교육은 교사와 학생의 관계 그리고 수업의 질로 움직인다. 그러나 지금의 고교학점제는 이 핵심을 정면으로 거스르고 있다. 과목을 늘리려면 교사를 늘려야 하고, 평가를 늘리려면 행정을 줄여야 한다.

선택권을 확대하려면 학교의 구조를 바꿔야 한다. 이러한 여건이 마련되지 않은 상태에서 과목만 늘리고, 평가만 늘리고, 책임만 늘리는 학점제는 현장을 더 피폐하게 만들 뿐이다.

지금 교사들이 반대하는 이유는 단순히 불편함이 아니라, 이 제도가 교육의 지속 가능성을 위협한다는 절박한 경고다. 이 경고를 외면한다면 결국 그 피해는 고스란히 학생들에게 돌아가게 될 것이다.

1판 1쇄 발행   2026년 2월 2일

지은이   김혜남
발행인   최봉규

발행처   지상사(청홍)
등록번호   제2017-000075호
등록일자   2002. 8. 23.
주소   서울 용산구 효창원로64길 6(효창동) 일진빌딩 2층
우편번호   04317
전화번호   02)3453-6111  팩시밀리   02)3452-1440
홈페이지   www.jisangsa.com
이메일   c0583@naver.com

한국어판 출판권 ⓒ 지상사(청홍), 2026
ISBN   978-89-6502-360-9   03370